CON

BASSIN DES OURAGANS

Avec une postface de
Laurent Sabbah

Illustrations
de Beniamino Orteski

ÉDITIONS MILLE ET UNE NUITS

CONFIANT
n° 40

Texte intégral.

ISBN : 2-910233-45-6

Sommaire

CONFIANT

Bassin des Ouragans

À Roger Rosemain

Bassin des Ouragans

L'année où je vous rencontrai, chère Anna-Maria de la Huerta, le même jour, à la même heure, il se produisit une éclipse de soleil au Pérou et la terre trembla dans la province du Guandong, quelque part en Chine, je crois. Je faillis m'en émouvoir en feuilletant la rubrique internationale du seul quotidien disponible dans le pays mais me rassurai aussitôt. Aux marins péruviens égarés en haute mer et aux petits chinetoques avalés par des failles tectoniques s'ajoutaient inévitablement des centaines, voire des milliers de morts simples, normales, banales et, pour tout dire, ennuyeuses, cela dans des centaines de pays à travers le monde. On l'oublie trop souvent : à chaque minute de chaque heure de chaque jour de chaque année, des gens meurent de leur belle mort sans émettre la moindre protestation. En refermant le journal, je me pris à penser que si je n'avais pas été irrémédiablement brouillé avec Victor Saint-Martineau, illustrissime mathématicien dont la réputation s'étendait de l'embouchure de l'Orénoque à la source du Mississippi, j'aurais sans doute pu lui poser cette fameuse question qui, depuis lors, ne cessa jamais de me torturer, à tel point qu'elle annihila la plupart de mes préoccupations métaphysiques antérieures. Question qui était de savoir si, depuis que le monde est monde, c'est-à-dire depuis que cette crapule d'*Homo erectus* a cru bon de jouer son *faber* puis son *habilis* (ou l'inverse, je ne m'en rappelle plus), si donc il a pu, mathématiquement parlant, exister une seule minute au cours de laquelle un être humain n'est pas mort quelque part sur la terre. Hélas ! Notre amicalité, qui jadis faisait l'admiration des merles qui gîtaient dans les basses branches des tamariniers de la place de La Savane, n'était plus qu'un chiffon de papier pour employer une expression convenue ou plutôt une « brisure de rêve » pour poétiser à la manière d'Axel Timonier, versificateur tropical de haut vol, honteusement méconnu par les autorités de la République germanopratine dont chacun sait que l'impérialisme (littéraire) n'a d'égal que celui (certes, économique) des États-Unis d'Amérique. Et cet huluberlu de Sonson Tête-Concombre ne fut pas pour rien dans la destruction d'une relation qui s'était établie sur les bases très saines de l'échangisme sans détérioration des termes de l'échange. Chaque fois que je lui envoyais une négresse bleue à la croupière bombée, il me refilait une chabine rousse aux hanches renversantes ou une coulie à la chevelure interminable qui murmurait des invocations à la déesse Mariémen au moment de se placer en position de prosternation mahométane.

Saint-Martineau possédait, par héritage, affirmait-il, des connaissances fornicatoires hors du commun mais je ne le croyais qu'à moitié, connaissant les sombres traficotages auxquels il se livrait dans sa culbutoire dès qu'il avait franchi les portes du lycée Schœlcher où il équationnait devant des grappes d'acnéiques morveux de la petite bourgeoise de Fort-de-France. Sa culbutoire, ou bien sa garçonnière comme on dirait en français de France sur lequel, ô très sainte Académie, je chie solennellement, était fort vaste. Le bougre l'avait remplie de livres très anciens qu'il n'avait jamais ouverts et qui servaient de refuge à toutes espèces de bestioles insulaires, lesquelles, on le sait, sont autrement plus casse-pieds que leurs congénères des pays tempérés. Quand j'avais envie de me shooter au Rabelais ou au Montaigne, je devais batailler d'abord contre un véritable écran de toiles d'araignées, puis courir sur une meute de ravets et de fourmis-folles, tout en évitant qu'un lézard-margouillat ne me saute à la figure. Saint-Martineau se vantait de posséder tout le patrimoine de l'humanité sur ses étagères : Aristote, Platon, Ibn Khaldun, Confucius, Diderot, Marx et tous les autres enquiquineurs du même acabit qui n'ont pas fini de nous encombrer depuis qu'on les a microfilmés et qu'ils peuvent désormais hanter nos esprits jusqu'à la fin des temps. Où es-tu aujourd'hui, mon cher Victor ? As-tu repensé à ma proposition de création d'une « Association internationale pour l'euthanasie intellectuelle » ? L'idée est simple et, final de compte, toute bête : envoyer au pilon, disons au bout de trente ans, tous les auteurs, penseurs, scribouillards et autres pisse-copies qui auront été convaincus, par un tribunal neutre et indépendant, d'inutilité publique et de dangerosité pour l'équilibre mental des élites. Ainsi, si une telle institution eût existé dans les temps immémoriaux, eussent dû être envoyés au pilon la Torah, la Bible et le Coran pour crime contre l'humanité et, à l'inverse, réhabilités les papyrus d'Égypte, lesquels contiennent plus de sapience que tout l'amoncellement de livres qui leur a succédé. De la culture arabe n'aurait dû être conservée que la poésie pré-islamique. De la culture européenne, les contes celtiques et les récits du Moyen Âge. De l'Asie, celle des dynasties d'avant le huitième siècle avant notre ère (car, je te le demande, quel philosophe, en quelque pays que ce soit, a pu trouver une plus éclairante métaphore de la vie que celle de « fleuve des apparences » si omniprésente sous la plume des auteurs confucéens ?). Et le reste à l'avenant ! « Mais t'es fou dans le mitan de la tête », s'exclamait inévitablement Anna-Maria de la Huerta, avec son délicieux accent de Saint-Domingue et de sa bouche pulpeuse qui eût déclenché chez l'évêque ou le mollah le plus intégriste une véritable érection sismique (et chez moi, une tension nerveuse que j'apaisais en lui mordillant, je ne sais trop pourquoi, l'avant-bras). Elle se croisait les jambes qu'elle avait sublimes, couleur de miel et, du coup, j'en oubliais ma proposition d'euthanasie intellectuelle pour me plonger dans la contemplation éperdue de ses cuisses. Pourquoi cette partie de l'anatomie féminine m'émouvait-elle autant alors que, tonnerre de Dieu, on n'en fait, ou plutôt je n'en fais pratiquement rien quand je condescends à m'adonner aux plaisirs vénériens. Au fond, Dieu les a peut-être créées juste pour nous faire saliver, nous autres mâles. Les cuisses comme apéritif sexuel ! Ah, ça c'est une chouette idée que je m'empresserai de noter dans mon Livre d'Heures dont j'espère qu'il ne vous tombera jamais entre les mains, ô Anna-Maria. J'ai commencé à le rédiger quand ma grand-mère a eu la malencontreuse idée de faire mine de passer de vie à trépas le jour même où l'on retransmettait par satellite la finale de la coupe de France de football entre l'Olympique de Marseille et Saint-Étienne. Si bien qu'elle eut son premier hoquet d'agonie à la dix-septième minute, lorsque le fabuleux Marius Trésor entama une remontée fantastique depuis l'arrière de l'équipe phocéenne, élimina deux Verts avant de centrer sur Magnusson, le Suédois. Mamie fit : « Aaaah ! » quand le dribbleur de génie s'empara du ballon pour le loger d'une pichenette dans la lucarne du gardien de but stéphanois d'origine yougoslave Curkovic (le foot est antixénophobe, foutre !) qui n'avait cessé de multiplier les exploits depuis le début de la rencontre. Je téléphonai illico au monsieur l'abbé du coin qui ne consentit à se déplacer qu'au coup de sifflet final car a-t-on idée de réclamer l'extrême-onction juste au moment où les Stéphanois étaient en train de refaire leur retard et de damer le pion à ces couillons de Marseillais ? Je suppliai donc ma grand-mère d'attendre encore un petit peu, ne serait-ce que les cinq dernières minutes de la seconde mi-temps, ce qu'elle accepta volontiers, ayant toujours fait preuve, tout au long de sa vie, de cette exquise politesse créole du temps de l'antan. « T'es un chien de fer !, me hurla ma conscience. Une salope, un verrat, un bougre qui n'a aucun respect pour rien, même pas pour le mystère de la mort ». Mais Victor Saint-Martineau auquel je fis part des affres qui m'étreignaient, me rassura : « Les grand-mères, c'est fait pour crever, mon pote. » Argument génial, imparable, digne de ce résolveur infaillible de machins au second degré. L'ennui, très douce et adorée Anna-Maria de la Huerta, c'est que la vieille peau décida de jouer les prolongations. Marius avait déjà fini de faire trois fois le tour du Parc des Princes en brandissant la coupe, poursuivi par la meute habituelle de tarés et de psychopathes, que Mamie fixait toujours l'écran bleuâtre qui diffusait une pub pour les couches Pampers. Ça m'a foutu dans une de ces enrageaisons, tu peux pas savoir, Anna-Maria ! Du coup, j'allai me concocter une double vodka à la cuisine. Saint-Martineau et moi avions opté pour cette boisson sibérienne, la jugeant plus exotique que notre bon vieux rhum national et moins vulgaire que le whisky. L'avantage, concernant la vodka, c'est que neuf fois sur dix nous protégions notre organisme puisqu'il n'existait guère de caboulots à Fort-de-France où l'on pût en trouver. Invariablement, le dialogue entre le serveur et nous se résumait à ceci :

« Ce sera quoi pour ces messieurs ?

— Deux vodkas !

— Deux quoi ?

— Deux vichy menthe… »

Ainsi donc, ma grand-mère ne décéda point ce jour-là comme elle me l'avait pourtant promis et je dus différer l'acquisition de la BMW de mes rêves. J'allais continuer à rouler dans mon Autobianchi brinquebalante dont le pare-chocs arrière était retenu par un morceau de fil de crin et qui, à la moindre rousinée de pluie, se mettait à crachoter une épaisse fumée dont aucun mécanicien n'avait pu déterminer la provenance mais qui me forçait à m'arrêter, étant de tout temps un farouche adversaire de la pollution et un écologiste éminent. À ces moments-là, je m'emmerdais comme c'est pas permis. Je me lassais très vite d'observer les grinçures de l'essuie-glace sur le pare-brise et commençais à trépigner sur mon siège, chose qui avait le charme de désommeiller les foutues bestioles tropicales qui avaient élu domicile dans ma voiture. Ma seule arme était une vieille carte routière de la Martinique dont j'ignorais ce qu'elle foutait là vu qu'il n'y a pas si tant de routes dans cette chiure de mouche posée sur l'Atlantique pour qu'au bout d'un mois, le conducteur le plus béotien eût besoin d'en consulter une. Deux-trois ravets une fois assommés, une nuée de fourmis-à-ailes écrabouillées, je dépliais ladite carte, perplexe, chaque fois plus perplexe, devant l'étrange morphologie de mon pays natal. La Martinique ressemblait diantrement à un fœtus ! Oui, à un fœtus ! Un fœtus qui aurait le bras gauche légèrement relevé comme s'il voulait crier à l'aide ou alors s'étirer pour mieux bâiller. Allez savoir ce qui se trame dans une matrice ! Paraît qu'on y arrive grâce à un appareil appelé « échographe », m'apprend doctement une copine à Anna-Maria (à qui j'apprends en retour que Michelet n'est pas un nom de rue et Mickey l'Ange, un peintre de la Renaissance italienne). Le hic dans le cas de la Martinique, c'est que je doute fort que ce genre d'appareil eût pu nous être d'un quelconque secours puisqu'à l'évidence il s'agissait d'une grossesse extra-utérine, la maman hexagonale se trouvant à sept mille kilomètres de là, c'est-à-dire à huit heures d'avion normal et à trois et demi en Concorde. Pauvre petit fœtus abandonné, pensais-je tout haut, tandis que la pluie ne décessait de babiller contre les vitres de l'Autobianchi avant de se faufiler par un de ces inumérables trous de la toiture pour venir me rafraîchir la nuque. Tout grand matheux qu'il soit, l'ami Victor Saint-Martineau n'avait pu me fournir d'explication plausible à cette étrange ressemblance qu'aucun de nos baliverneurs de géographes n'avait, semble-t-il, notée : « Manque de pot, avait-il dit au bout d'un siècle de temps d'intense calculation, ta théorie ne tient pas debout ! — Et pourquoi, m'étais-je écrié, je ne suis pas gynécologue, d'accord ! mais je sais tout de même reconnaître un fœtus, saperlipopette ! — L'ennui, vois-tu, enfonça-t-il le clou, c'est que ton prétendu fœtus a, au bas mot, cinquante mille ans d'âge… *dixit* le carbone 14 ! Et à l'époque de sa conception, tu peux le vérifier dans l'*Encyclopædia Universalis*, ton hexagone, il n'avait pas encore la forme d'un hexagone. » Le salaud disait vrai, comme toujours : l'Europe d'alors avait la tronche d'un gros moignon boudiné dans lequel bien malin aurait été celui qui aurait pu pronostiquer l'apparition de la doulce France ou aurait distingué la future péninsule Ibérique de l'Italie. Basta ma théorie du fœtus, donc ! Elle ressemble à quoi, alors, notre Martinique, m'étais-je vexé, hein ? Tu veux me le dire ? L'homme des chiffres et des équations eut soudain dix mille plis au front, se mignonna la barbichette (instrument avec lequel il titillait la mandoline de ces dames) et hasarda : « Bon, eh ben… Ça m'a tout l'air d'être un pois ! » Tiens, c'est pas bête, ça, pas bête du tout : un pois chiche ! À l'image exacte du cerveau de quatre-vingt-dix pour cent de nos compatriotes insulaires, quoi. « Mais non, beugla-t-il, je vois plutôt un pois rouge. » J'observai alors la carte et me rendis à l'évidence : la Martinique ressemblait à un pois rouge. Tout à faitement, comme dirait ma grand-mère qui ne veut pas crever, la connasse. Aussitôt, il me vint une autre idée : de même qu'il existe une science qui étudie la physionomie des êtres humains afin d'en déduire leur caractère et leur niveau intellectuel, pourquoi ne s'étendrait-elle pas aux différents pays du globe ? Ainsi, la botte italienne serait le reflet de la bravacherie mussolinienne qui sommeille en tout Rital qui se respecte, sous des dehors débonnaires et joviaux, tandis que la corne de l'Afrique, si bien nommée, expliquerait le tempérament rhinocérique des tribus somalies. Donc, si la Martinique a un faux air de fœtus, j'y tiens tout de même, chère Anna-Maria de la Huerta, plus besoin de chercher ailleurs les raisons de notre infantilisme congénital que moult sociologues-anthropologues-psychologues et autres blaguologues venus d'ailleurs ont paré de qualificatifs ronflants et par là même, ô paradoxe ! flatteurs. Par contre, si elle est tout le portrait d'un pois rouge, là, j'avoue que je suis dans le faire-noir le plus total.

À chaque pluie (et c'est deux cent cinquante-sept jours sur trois cent soixante-cinq, dans cette île ensoleillée, sacrés gogos de touristes !), je me remémore ces échanges de haute volée intellectuelle, garé au ras d'un fossé et, si d'aventure le ciel n'arrête pas de chigner, voilà que je me retrouve coincé pour des heures entières. Si bien qu'à ces moments-là, il m'arrivait de regretter sincèrement de n'avoir pas installé une autoradio dans mon Autobianchi, non point pour écouter de la musique — Ah, ça, non ! J'abhorre toute forme de musique et ne me serais pas senti en si agréable compagnie que cela mais plutôt pour entendre les bonnes nouvelles de la journée : « Crise de la banane : l'Allemagne attaque notre production à Bruxelles », « Quatre morts sur l'autoroute : la Mercedes est en miettes », « Paul, dit Popaul, alias Chabin, égorge sa concubine à l'aide d'une scie à métaux », le tout débité sur le même ton monocorde utilisé pour lire le bulletin météo ou celui des avis d'obsèques (dans lequel je rêvais d'entendre le nom de Mamie). Hon ! La musique ? Éternel sujet de dispute entre nous, tu t'en souviens, très chère Anna-Maria de la Huerta, toi qui virevoltais avec la grâce d'une libellule à la moindre rumba ou merengue de ton pays, tout en appréciant passablement la biguine martiniquaise. N'avais-tu pas immigré chez nous pour les beaux yeux (ou le viril braquemard, comme tu voudras) d'un grand trompettiste en tournée à Santo-Domingo dans les années soixante ? « Je t'emmènerai en pays français, t'avait-il courtisée, tu ne manqueras de rien. La vie y est belle. Pas de mendiants, peu de pauvres. Rien que du luxe et de la volupté. » Tu avais plaqué sans sourciller ton protecteur, ce Don Miguel Severado Y Guzman dont tu n'as pas eu cesse de me bassiner les oreilles pendant toutes ces années où je t'ai hébergée, sans que jamais tu daignes m'ouvrir le fortin de ton sexe. Trois mois plus tard, le trompettiste t'avais trompée cinquante et une fois et, ne t'en étant aperçue qu'à la cinquante-deuxième, tu piquas une de ces crises de colère à l'espagnole qui débagagea en un battement d'yeux tout l'étage de cet immeuble miteux des Terres-Sainvilles où ton musicien, pourtant réputé pécunieux, se complaisait à vivre pour y puiser, racontait-il aux journalistes, son inspiration. Tu parcourus l'avenue Jean-Jaurès comme prise d'affolement, l'ébouriffure de tes cheveux flottant dans le vent, à demi-dévêtue et très désirable, en braillant, les yeux dardant le ciel, « Me faire ça à moi, l'arrière-arrière-arrière-petite-fille de Christophe Colomb ! À moi, doña Anna-Maria de la Huerta dont le père possède une finca de deux mille hectares plantés en cannes à sucre ! » Dans ton empressement, tu butas sur ma personne, manquant de nous faire chalvirer (ici on ajoute un « l », alors nous emmerdez pas, hein ?) dans le dalot. Je me raccrochai à tes bras et toi à ma chemise qui se déchira, tout cela sous le regard passablement égrillard des fainéantiseurs de dix heures du matin. Je goguenardai, histoire d'avoir bonne contenance : « A-t-on idée de faire une scène de ménage au beau mitan de la matinée, ma petite dame ? Petit-bourgeois comme je l'étais à l'époque (et bien que le *Petit Livre rouge* de Mao fût mon livre de chevet), je n'imaginais pas qu'un tel spectacle pût se bâiller autrement qu'au devant-jour ou, au contraire, à la brune du soir, quand les chauves-souris se mettent à faire des ballets sidérants par-dessus la ville. D'ailleurs, à dix heures du matin, le thermomètre bordille les trente degrés ou davantage, ce qui doit normalement ramollir l'essentiel de l'activité neuronale chez tout individu normalement (excusez pour la répétition) constitué. Mais je devais apprendre que rien chez toi n'était mesurable à l'aune du *vulgus pecus*. J'aurais dû m'en douter dès la première seconde de notre inopinée rencontre puisque tu m'embauchas derechef comme djobeur (ou « porte-faix » comme ils jargouinent là-bas), me halant par la manche, du moins ce qu'il m'en restait, sans me demander mon avis. Tu pleurais à froides plutôt qu'à chaudes larmes : « Don Miguel Severado Y Guzman, *por Dios* ! » et sur le moment, je ne savais pas encore à quel point cet être-là, ô combien mythique, comptait pour toi. J'ignorais les fabuleuses prouesses sexuelles de cet amant irassasiable de ton pays natal qui nous faisait passer, nous autres indigènes de la Martinique, afro-français de race, pour de petites couilles de chien sans poils, des niquedouilles quoi ! À Saint-Domingue, l'espèce est plus vigoureuse car elle mélange de manière harmonieuse les sangs amérindien, espagnol et nègre, prétendais-tu dès que je n'avais pas réussi à tenir plus de vingt minutes avec ton amie-ma-cocotte Hermione, venue, elle, d'Haïti, à qui tu faisais appel chaque fois que tu décelais une once de luxure en train d'empourprer mes prunelles. Cela t'était commode car l'Haïtienne officiait en face de ta nouvelle demeure, au 17, rue de la Pétition-des-Ouvriers-de-Paris, dans un estaminet doté du doux nom de *Crédit est mort.* Rien de mieux pour effaroucher d'avance les parasites qui s'imaginaient toujours pouvoir s'envoyer un verre de rhum à la santé du patron, le bâtard-chinois Ho-Chang-Sung, en payant avec les courants d'air qui circulaient dans les poches trouées de leurs shorts en kaki du premier au dernier de l'an. Hermione, en effet, roucoulait : « Mon petit bougre veut de moi ? » de ses lèvres outrageusement fardées, m'affriolant en passant avec sa langue d'un bout à l'autre de sa magnifique dentition de Négresse authentique. Puis elle accourait à l'étage tandis qu'Anna-Maria se murait dans un mutisme farouche et se plantait à la fenêtre sans avoir la présence d'esprit, voire la pudeur de nous laisser seuls à nos ébats. En six-quatre-deux, la péripatéticienne de chez Papa Doc me déchemisait, me dépantalonnait et me décaleçonnait avant de m'enfiler un parapluie antisida pour finir par me chevaucher à grands coups de reins qui nous conduisaient à l'extase à la vitesse Mach 2 (plus vite en tout cas que quand Saint-Martineau et moi nous régalions d'une ligne de coke). Je n'en émergeais qu'en entendant Anna-Maria me lancer un « déjà ? » découragé, elle qui ne désespérait pas de me voir un jour réaliser au moins le quart de la durée érective de Don Guzman Severado et alors, *madre de Dios*, ce jour-là, promis-juré devant Santa-Maria de todos los Santos qui veille sur la bonne ville de Bahia, elle me permettrait d'arpenter à sa guise l'opulence de ses chairs.

Or donc, quand je t'eus rescapée sur le trottoir de l'avenue Jean-Jaurès, au quartier Terres-Sainvilles, et que tu eus empilé tes bagages dans l'entièreté de mon Autobianchi, je te demandai, d'un ton implorant, où tu voulais t'enfuir, s'il fallait prévenir la maréchaussée ou alors le consul de Saint-Domingue. Ton trompettiste, encore ahuri, nous zieutait derrière les persiennes de votre appartement et la gueusaille lui lançait, secouée de rires salaces : « Eh Mano, envoie-nous un coup de Sidney Bechet, foutre ! » Et l'homme de l'art de te jouer un suave quoique obsolète *Petite fleur* en guise de cadeau d'adieu et toi de chialer à nouveau, appuyée sur ma voiture, et moi, éberlué, hébété, ébahi, ébaubi, écorniflé, emberluqué, j'attendais ta réponse alors qu'il y avait une bonne demi-heure que j'aurais dû me trouver au bar du *Crew* avec le digne Cercle des écrivains des tropiques dirigé par le maestro, Louis-Napoléon Saumon, le professeur d'université qui cite des pans entiers de Chateaubriand et de Lamartine pour tenter d'oublier et de faire oublier qu'il avait la complexion plus noire qu'hier soir. Ou aussi noire qu'un péché mortel pour paraphraser mon emmerdeuse de grand-mère qui avait été à l'article de la mort avant de reprendre, au bout de quelques semaines, du poil de la bête. Foutue raciste ! ronchonnai-je en guise de protestation contre son non-décès et donc ma non-attribution de cette part d'héritage au sujet de laquelle je me languissais. Ton géniteur blanc créole, qui n'a pas daigné te bailler son patronyme à double particule, t'a fait à son image. Vive la négritude, bordel ! *Black is beautiful*. Mulâtres, salauds, le peuple aura votre peau ! « Chez toi ! » hurlait à mes oreilles l'espinguouine, stoppant avec la dernière des brutalités mes cogitations généalogiques. « Où tu veux que j'aille maintenant que cet abruti a démoli à tout jamais mon honneur ! » Cela dit, elle se calma, réalisant (excusez l'anglicisme !) que personne à Saint-Domingue n'aurait ouï dire de ses déboires amoureux vu qu'ici, on cause le Descartes alors que plus au nord de l'archipel des Antilles, ils jaspinent le Cervantes. Chez moi !!? Non mais vous vous rendez compte, messieurs et dames de la compagnie ? Cette putaine, cette ribaude que je ne connais ni d'Ève ni d'Adam, s'invite à mon domicile avec armes et bagages et en plus, elle me flanque une roustance en pleine avenue principale du quartier Terres-Sainvilles. *Madre de Dios* ! L'Autobianchi ne disposait plus que de la place du chauffeur, le reste étant encombré par des chapeaux extravagants, des jarretières, des cuissardes, des culottes sexy, des crinolines et des dentelles roses ou blanches. Si tu avais pu me contempler en cet équipage, mon cher Victor Saint-Martineau, qu'est-ce que tu aurais pété de rire ! Je ressemblais à un colporteur syrien prêt à aller vendre ses ballots de toilerie et de quincaille dans quelque campagne reculée de notre cher pays. Et puis, sacré chanceux, va ! Anna-Maria se livra à toi alors même que vous n'aviez pas fini de brocanter deux mots et quatre paroles. Rappelle-t'en, mon cochon ! J'étais, comme d'habitude, en train de batailler contre le freezer de mon frigo histoire de nous dégoter des glaçons pour nos vodkas et toi, tu n'as rien trouvé de mieux à faire que de la culbuter sur mon cosy, que tu t'obstinais à appeler « canapé » bien qu'il s'agît d'un véritable cosy anglais acheté à l'île de la Barbade par ma mère au cours de son voyage de noces, dans l'entre-deux-guerres.

Quand je revins au salon avec deux verres de vodka dans une main et un jus de corossol dans l'autre, vous vous étiez déjà si tellement entremêlés que je ne distinguais plus ton corps du sien. Je voulus attendre sur le balcon, prendre mon mal en patience, feuilleter l'unique quotidien local à la page des faits exceptionnels (toutes les autres étant consacrées aux faits divers) mais, sans même avoir eu connaissance de l'existence de Don Miguel Severado Y Guzman, tu faillis, Victor bien-aimé, cet après-midi-là, atteindre son record. Résultat, les glaçons fondirent et la vodka fut infecte, chose qui ne te chagrina pas outre mesure puisque tu te mis à me houspiller, à me traiter de voyeur, de polisson, de peine-à-jouir et de tout le bataclan d'injures que tu réservais à la maréchaussée lorsqu'elle avait eu la niaiseuse idée de poser des sabots d'enfer aux roues de ta rutilante 404 Peugeot vieille de vingt ans. Vrai de vrai qu'ils sont couillons, ces mecs-là ! Au lieu de s'extasier devant la ténacité du véhicule, ils ne trouvaient d'autre justificatif à leur existence que de le clouer sur place. « À ta santé, Abel ! » me lança, vacharde ou inconsciente, cette misérable Anna-Maria de la Huerta avec son accent si peu hispanique qui me frappa dans l'instant. Elle m'apprit qu'elle avait été à l'école chez des sœurs françaises de l'ordre de l'Immaculée Conception et qu'en outre sa gouvernante avait été une Basque de bonne famille qui avait fui aux Amériques l'inéluctabilité d'un mariage arrangé avec un sien cousin au pied bot. J'appris aussi, à mes dépens, que mamzelle avait la faculté de reprendre son accent saint-dominguois à volonté, en général dès qu'elle se voulait minaudière, attitude qui dénotait chez elle l'envie de me quémander un énième petit service sans trop savoir comment le formuler, en tout état de cause pour que je ne m'en offusquasse point. Après que tu fus parti, Victor Saint-Martinel, fumier de mathématicien, je demandai, effondré, à Anna-Maria : « Pourquoi ? — Pourquoi quoi ? » rétorqua-t-elle sincèrement étonnée. « Pourquoi-pourquoi ! Ah, pourquoi-pourquoi, eh ben, mon chéri-coco-lapin, parce que, parce que… — Mais encore ? » insistai-je lourdement. « Ben… disons que c'est parce que ton copain est, comment dire, un… laid ténébreux. Voilà, un laid ténébreux ! » Elle en avait des lettres, ma dulcinée de Saint-Domingue. Sa gouvernante lui lisait du Crébillon le soir à la veillée afin qu'elle affûtât ses imparfaits du subjonctif. Ça c'est de l'éducation ! Pensez que dans nos manuels à nous, surtout cette crevarde de Laguarde et Michard qui a empoisonné nos vertes années, il ne lui est pas accordé plus de quatre lignes ! Tribunal d'euthanasie intellectuelle, au boulot ! Corneille aux oubliettes, Racine en cure psychanalytique à perpétuité et monsieur Crébillon au pinacle, s'il vous plaît ! À Nantes, la plèbe croit dur comme fer (comme quoi y'a pas que les Nègres qui n'aient pas inventé l'eau chaude) que Crébillon est un nom de rue, celui de la plus achalandée de leur bonne ville, et a inventé un verbe, « crébillonner », en lieu et place du, il est vrai minable, « lécher les vitrines ». Pauvre Crébillon tout de même, encore heureux qu'il survive à travers toi, Anna-Maria !

Alors, chère infante de Saint-Domingue, vous vous installâtes en ma demeure, dans le cottage cossu que mes parents s'étaient fait construire et avaient payé une vie durant, au quartier Redoute, sur les hauteurs orientales de Fort-de-France. Vous accaparâtes ma chambre, la seule qui vous plût, pour ne plus en bouger pendant six mois et vingt-six jours. « Je suis en convalescence d'amour », m'asseniez-vous en exigeant que je vous porte vos repas au lit, repas que me préparait avec talent ma bonne vieille Nanotte qui avait été au service de ma famille depuis l'époque de l'amiral Robert, cousin putatif du maréchal Pétain. Nanotte, qui pourtant était l'indulgence faite femme à mon endroit, ne supportait pas la vue de cette « Espagnole à grands cheveux » qui salissait chaque semaine une tonne de draps et de taies d'oreiller. Elle avait bien tenté de secouer Anna-Maria, laquelle ne comprenait pas un traître mot de créole (du moins à ce qu'elle affirmait) pour finir par la croire dérangée d'esprit. C'est à cette époque-là que, lassé de dévorer en vain du regard ton corps fabuleux, Anna-Maria de mon cœur, sans pouvoir ni le toucher ni le mignonner, que je pris la détestable habitude d'aller drivailler à la cour Fruit-à-Pain, à l'en-bas du Morne-Pichevin. Le destin avait écrit quelque part que je devais rentrer en amicalité avec Sonson Tête-Concombre par le truchement de l'Archéologue départemental. Drôle de zigoto, celui-là ! Il avait guerroyé ferme, rameuté les syndicats, les masses populaires, l'opinion publique martiniquaise et internationale afin qu'on lui rende enfin justice, c'est-à-dire qu'on vire l'Hexagonal qui occupait le poste avant même que notre homme eût goûté à son premier biberon. Cet Hexagonal avait été un précurseur, le tout premier en tout cas à opérer des fouilles sérieuses un peu partout à travers l'île et à dégoter des vieilleries en argile et en céramique autour desquelles il avait bâti avec patience toute une tralée de théories à propos de l'origine des autochtones caraïbes. Il se croyait intouchable ou plus exactement indéboulonnable puisque aucun nègre ou mulâtre n'aurait eu la sotte (ou saugrenue) idée de faire des études qui ne rapportassent pas dans les dix ans, villa au bord de mer, bateau de plaisance, voiture de luxe climatisée, appart à Paris et compte en banque à la BNP-France. Si bien qu'il faillit périr d'autostrangulation lorsqu'un beau matin il vit apparaître au Musée départemental, où il était en train de procéder au classement d'interminables ossements et morceaux de poteries, un fringant jeune homme, bien rasé et soigneusement cravaté qui, d'entrée de jeu, lui déclara : « Vous avez tout faux ! Les Arawaks n'ont jamais travaillé la céramique. Celle qui se trouve ici est due à une population troglodyte, les Saladoïdes, qui vécurent à la Martinique au moins mille ans avant les Arawaks. Tenez, en voici les preuves formelles ! » Et l'énergumène de fesser sur le bureau de l'Hexagonal qui n'en pouvait mais les cinq tomes, pesant chacun deux kilos huit cent trois grammes, des deux mille sept cent quarante-neuf pages de son doctorat d'État soutenu en Sorbonne le mois d'août précédent et pour lequel il avait obtenu la mention « très honorable ». L'archéologue chenu ôta son éternelle pipe de sa bouche et ne pipa mot. On aurait juré quelque adversaire de Cassius Clay qui venait de recevoir en pleine tempe un uppercut de force 7 sur l'échelle de Richter.

« La place ! » hurla au bout d'un moment le sorbonicole nègre, exaspéré. « La pla… pla… place, quoi ? » balbutia l'Hexagonal dont le teint rosâtre n'avait point été entamé par le soleil des Tropiques. « Ta place, tu me la laisses immédiatement et tu vas prendre ta retraite dans les Alpes-Maritimes, sacré imposteur ! À bas le colonialisme ! » Évidemment, ce Trafalgar verbal rameuta les employés du Musée qui n'eurent d'autre ressource que d'appeler à la rescousse les gendarmes-petit-bâton, une bande de clowns vêtus en bleu pâle foncé qui arborent matamoresquement une matraque blanche sur la hanche et ne sont pas foutus de désembouteiller Fort-de-France aux heures de pointe. Notre sorbonicole fut donc catapulté à la rue sans ménagements pour les cinq tomes si impressionnants de sa thèse révolutionnaire et inculpé, quelques jours après l'incident, pour avoir troublé gravement le calme d'un lieu public puis résisté aux forces de l'ordre. Les marxistes indigènes, les nationalistes verbiageux, les chrétiens de gauche et les démocrates sans parti s'unirent victorieusement pour que justice soit rendue au valeureux arrière-petit-fils d'esclave qui avait trimé comme un nègre (« comme une bourrique », écrivit la presse martiniquaise, championne en matière d'euphémisme) afin de décrocher un diplôme si-tellement rare que beaucoup d'entre les manifestants qui défilèrent de la Bastille à la Nation

— heu, pardon ! de la Croix-Mission à la place Stalingrad — ignoraient la signification exacte du mot « archéologue ». Toujours est-il que les cinq tomes furent déposés en grande pompe à la bibliothèque Schœlcher en présence des autorités préfectorales et départementales et que nostre homme occupa le bureau de son prédécesseur métropolitain moins d'une vingtaine de jours après l'esclandre qu'il y avait déclenchée à son retour de Paris. On apprit, en effet, par Radio-bois-patate, que nostre homme s'était rendu immédiatement au Musée départemental aussitôt qu'il eut franchi le contrôle douanier à l'aéroport du Lamentin. Abandonnant ses bagages à ses parents venus l'accueillir avec bouquets d'anthuriums et tambours, parents auxquels il n'accorda que de rapides embrassades, il sauta, muni de ses cinq tomes, dans le premier taxi disponible en bramant : « À mon poste ! » Effrayé, le chauffeur démarra en trombe, croyant avoir affaire une fois de plus à l'un de ces bousillés par l'hiver et le racisme qui, après avoir traîné ses guêtres toute sa prime jeunesse à Barbès et à Strasbourg-Saint-Denis ou s'être morfondu au dix-septième étage de quelque lapinière de Villeneuve-la-Garenne, s'en revenait, la quarantaine bien entamée, soigner sa dinguerie au soleil du pays natal. Il conduisit donc nostre homme au poste de police de Fort-de-France, se positionnant du mieux qu'il put sur son siège pour avoir le temps de se saisir du coutelas qu'il tenait caché juste en dessous. En général, ce noble instrument, qui jadis servit à couper la canne à sucre (et donc à enrichir les ports négriers de Nantes, Bordeaux et La Rochelle) et s'était recyclé à l'époque moderne en argument décisif en cas de conflit automobilistique, refroidissait les plus excités des nègres-hexagonaux. « À mon poste, pas au poste, connard ! » brailla l'Archéologue de couleur qui, sans payer son dû, descendit du taxi et remonta à grandes enjambées lyriques l'avenue de la Liberté jusqu'au Musée départemental, ses cinq tomes en équilibre parfait sur sa tête comme ces négresses que l'on voit sur les cartes postales datant du bon vieux temps des colonies, portant d'énormes paniers de fruits ou de légumes. Comme nostre homme arborait un regard vide et fixe, il ne remarqua pas que mon auguste personne sortait du café L'Impératrice où s'était tenu un conclave du Cercle des écrivains des tropiques, que j'étais légèrement gris (la vodka que nous envoient ces saligauds de Russes ne titrant pas aussi haut que celle consommée dans la toundra), que le journal *Le Monde* était largement ouvert devant moi et que j'y cherchais en vain l'article que Jocelyne Servignon aurait dû normalement consacrer au formidable roman du célébrissime Albert Mormandeau, publié (ou en voie de publication) aux éditions du Seuil. Son titre : *Le Cime-*

tière des vaincus. Son sujet : la défaite historique du peuple martiniquais face aux forces coalisées de l'Occident, du sionisme (tu parles !), de l'apartheid et des forces occultes à l'œuvre dans l'Univers. Faut préciser qu'Albert Mormandeau n'avait jamais pu nous présenter un seul exemplaire de son bouquin depuis neuf ans qu'il ne cessait de l'envoyer aux éditions susnommées et que ces dernières lui suggéraient avec un sens exquis du tact d'en modifier le chapitre six. Ce fameux chapitre six ! Qu'est-ce qu'il nous l'a exposé, disséqué, décortiqué, autopsié même dans nos réunions du Cercle ! Qu'est-ce que nous avons pu pester contre ces tortionnaires d'éditeurs gaulois incapables de reconnaître l'étendue du génie de notre ami et de lui rendre hommage ! Bon-bon, je t'en parlerai plus avant, chère Anna-Maria. Pour l'heure, nous nous affalâmes, nostre homme et moi, sur le trottoir, moi à demi assommé par deux de ses cinq tomes, lui saignant du front, mais tous deux gardant la plus extrême dignité. Par terre, nous fîmes les présentations : « Abel, homme de lettres. Enchanté de vous connaître ! — Archéologue. Enchanté moi aussi. » Jamais il ne daigna prononcer son nom devant moi alors que celui-ci figura à la une des journaux tout le temps que durèrent les manifs en sa faveur. Je décidai, je ne sais trop pourquoi, de l'affubler du titre de « nostre homme » et notre amicalité commença au ras du sol, à hauteur du

Crédit martiniquais, à une heure de telle bousculade que nous fûmes assaillis par un troupeau de talons aiguilles et de mocassins bienveillants qui s'inquiétaient pour notre santé physique et qui, au bout de dix minutes, réalisant qu'au fond, il ne s'agissait que d'un problème de santé mentale, nous tournèrent le dos. Nous nous sentîmes bien, parfaitement à l'aise, sur ce trottoir, en ce mémorable jour d'avril où la saison de carême battait son plein.

Je pense en toute sincérité, camarade Victor Saint-Martineau, que si l'être humain avait plus d'occasions de cogiter en cette position, il aurait moins sorti tout ce lot de couillonnades qu'il s'entête à affubler du nom de culture. Il est vrai, c'est toi qui me l'a appris, macho Martineau, que l'homme est passé du stade du quadrupède à celui du bipède juste pour ne pas avoir tout le temps le nez à hauteur du sexe de la femelle. D'ailleurs, nostre homme, d'un geste mécanique, passa le plat de sa main sur le trottoir ainsi que la chaussée, pendant que nous persistions à faire assaut d'amabilités, et en ramena d'importants objets archéologiques datant de la fin du vingtième siècle, ce siècle qui aura été, pourquoi autrucher ?, le plus pervers, le plus sadique, le plus merdique et le plus interminable de tous les siècles qui l'ont précédé. Le vingt et unième sera forcément moins long : la race humaine, faisons-lui confiance, saura abréger ou la vie de la planète ou, plus prosaïquement, celle de sa propre espèce. Mais là, je digresse et oublie de te bailler la liste exhaustive des curiosités archéologiques que, d'une main très professionnelle, l'Archéologue découvrit sur le sol cimenté et asphalté qui fait face à la très honorable institution bancaire évoquée plus haut : un Tampax usé, vaguement camouflé dans un sachet en plastique marqué Monoprix (la dame avait dû l'ôter à la banque, avec discrétion, pendant qu'elle prenait la queue), un paquet de cigarettes vide de marque Camel, une attestation de Revenu minimal d'insertion froissée, quelques papiers-bonbons colorés, une carte téléphonique représentant Jeanne Moreau dans un film en noir et blanc des années cinquante, dont il était douteux qu'elle contînt encore quelques unités, un exemplaire de *Minute* s'écriant sur quatre colonnes à la une : « Un bougnoule a encore violé deux fillettes à Toulon ! » et, final de compte, un stylo bille sans signe distinctif à la pointe cassée. « Quel merveilleux témoignage de la civilisation occidentale en pays tropical ! » m'exclamai-je pour lui faire plaisir. Il sourit, emballa son butin dans un mouchoir qu'il enfouit dans la poche intérieure de son veston écossais en tweed de couleur vert sombre qui lui conférait une élégance que lui auraient envié maints gentlemen de la City. Il avait la chance inouïe de faire partie de cette catégorie de nègres qui ne transpirent pas et qui peuvent, alors que leurs congénères portant chemisette croulent sous des ruissellements de sueur, se pavaner au soleil des Antilles en costume trois-pièces et cravate sans que l'ombre d'un semblant de goutte de sueur perlât à leur visage. Il ne s'agit pas là de quelque disposition physiologique innée, mon cher Linné, mais d'une qualité acquise au cours de l'évolution du Nègre de céans vers ce nadir de l'humanité qu'est la civilisation blanche-chrétienne-occidentale, et non transmissible de père en fils malheureusement. Pour acquérir cet état de grâce calorique, ô Anna-Maria de la Huerta, comment l'appeler autrement, cet étrange phénomène ?, eh ben, il fallait que l'individu en question ait subi dès ses premiers vagissements un bourrage de crâne intense de la part de son entourage. Du genre : « La France est le plus beau pays du monde », « Les Nègres sont une sacrée race de fainéants », « Le créole est un vulgaire patois d'esclaves » *et cætera-et cætera-et cætera*. À force d'ingurgiter ces propos à la fois lapidaires et édifiants, souvent agrémentés de calottes retentissantes sur les deux pommes-de-figure (les joues, quoi !) ou de volées de liane-tamarin sur les fesses, l'*Homo martinicensis* — du moins les plus doués de l'ethnie — subissait progressivement une transformation de ses glandes sudoripares, lesquelles s'asséchaient à mesure que le bougre grandissait et, arrivé à l'âge adulte, il était en mesure, ô miracle, d'affronter la pire des canicules, vêtu comme un habitant des Cévennes au beau mitan du plus rude des hivers. Pas plus que nos géographes n'ont remarqué que la Martinique avait la physionomie d'un fœtus ou d'un pois rouge, nos doctes médicastres n'ont jamais eu l'idée d'étudier cette surprenante mutation sudoripare ainsi que ses effets à long terme sur l'équilibre mental et la libido des individus concernés.

Sonson Tête-Concombre, qui n'avait d'autre parentèle que les marloupins et les péripatéticiennes du Morne-Pichevin, quartier mal famé de Fort-de-France où, pendant longtemps, nul n'était certain de ressortir entier si par distraction ou témérité suicidaire, il avait gravi les quarante-quatre marches qui y conduisaient, Sonson Tête-Concombre, lui, avait, qu'il vente ou qu'il grêle, toujours une fine rosée de sueur sur le poitrail. Notre rencontre à tous les deux est fatigante à raconter d'autant qu'elle déroge au protocole habituel de mes rencontres avec autrui à savoir le choc inopiné en pleine rue et en plein jour. D'autant aussi, cher Victor Saint-Martineau, qu'il faut bien que j'achève de te narrer par le menu la suite de mes aventures avec l'arrière-arrière-arrière-petite-fille de ce fumier de Christophe Colomb, ce jour funeste où elle m'emboutit à l'avenue Jean-Jaurès après avoir claqué la porte du domicile concubinal au grand dam de son musicien de jazz. Comme je l'ai dit précédemment, elle m'avait si-tellement bourré mon Autobianchi de toutes ses franfreluches que seule la place du chauffeur était disponible. Galant comme pas deux, je lui proposai de prendre le volant. « Roulez au pas, madame, je vous suis. — Pas question, espagnolisa-t-elle ! D'abord et pour un, vous êtes capable, avec la tête que vous avez, de vous escamper définitivement alors que le destin vient de nous unir pour la vie. Qu'est-ce que je ferais alors de votre tacot plein de bestioles, hein ? Vous croyez vous en tirer à bon compte, eh ben non-non-non ! Asseyez-vous au volant, je m'installerai sur vos genoux. Ce n'est pas interdit dans le code de la route, ce me semble. » Tu as bien entendu, mon cher disciple de Bourbaki, la gonzesse de Santo-Domingo m'a imposé l'arrondi de son troufignon pendant les deux heures et huit minutes que je mis à parcourir les cinq kilomètres séparant les Terres-Sainvilles du quartier Redoute où je créchais. Inutile de te préciser que notre arrimage, lui aussi, prit un temps fou et que les maquerelleuses et les tafiateurs s'en baillèrent à cœur joie. Ce convoiement fut d'autant plus difficile qu'elle se mit à hurler littéralement « Enlève le levier de vitesse de mon derrière, abruti ! » avant qu'elle ne s'aperçoive qu'il ne s'agissait que d'une bandaison exagérée de mon membre viril, chose qui eut le don de la calmer sur le champ et même de lui arracher un petit sourire à dix francs. Ainsi donc, bien calés contre le volant de l'Autobianchi, notre couple siamois (enfin presque !), s'engagea sur la Levée, que les jeunes appellent boulevard Général-de-Gaulle suite à un arrêté municipal à la noix, sous le regard ahuri du gendarme-petit-bâton de service qui en oublia net de concordancer ses ordres avec le clignotement des feux de circulation d'en face. D'où une pagaille puis une panique monstre. Des coups d'injuriées. Des cris de Tarzan. Des brandissements de coutelas. Par miracle, la file de voitures qui nous précédait parvint à se dégager et je remontai à vitesse d'une tortue-môlôcoye la route pentue du Pavé. Des bondieuseuses, qui s'en allaient déranger le sommeil du juste de quelque saint à la cathédrale de Fort-de-France, tombèrent du haut-mal. Des jeunes filles en fleur en pâmoison et des damoiseaux vicelards en érection. Un rasta hirsute fit le salut hitlérien et déclara : « Jah Rastafaraï », ce qui en langage civilisé signifie : « Allah est grand et Mahomet est son prophète. » Un mec à tête d'enfoiré ou d'antisémite cracha par terre de dégoût. À ce qu'il paraît, certains n'eurent aucune hésitation à se payer une douce branlette en pleine rue, en plein soleil, en plein dix heures trente du matin, en pleine société culturellement française depuis 1635, c'est-à-dire bien avant Nice, la Corse et la Savoie. Bigre ! se serait exclamée ma grand-mère si elle n'avait pas été grabataire, elle qui, du temps de sa jeunessse, courait par monts et pas vaux, ou plus exactement par mornes et par ravines pour parler à la manière de ces clowns de la créolité, et connaissait donc tous les commérages de la ville. À chaque cahotement de l'Autobianchi, qui n'avait pas besoin de trous dans l'asphalte pour gigoter, n'ayant plus guère d'amortisseurs, je sentais mon bâton de maréchal s'introduire sans aucune vergogne et cela au fur et à mesure (mais plus au fur qu'à mesure) dans la raie du jean ultra serré de la diablesse sans qu'elle baille le moindre sentiment d'en éprouver plaisir ou déplaisir. Mes doigts étaient agités par la tremblade sur le volant et j'avais le plus grand mal à respecter la priorité. N'ayant pas, en outre, d'état de grâce calorique à l'instar de nostre homme, l'Archéologue départemental (faut dire que cet état de grâce est un privilège des adeptes de la négritude, laquelle n'est, comme chacun sait, que la manière noire d'être blanc), je suais de toutes parts, sous le bras, sur le front, dans le dos, des deux côtés du nez, entre les cuisses, sur le pourtour des génitoires, à cause de l'élévation normale de la température extérieure et de l'excitation fantastique qui s'était emparée de mes sens dès qu'Anna-Maria de la Huerta eut posé son sublime popotin de Négresse amérindo-espagnole sur mes augustes jambes. Je priai en mon for intérieur pour que Sonson Tête-Concombre ne se trouvât point dans les parages car l'animal en aurait profité pour vocaliser les pires insanités du style : « Enfonce-le-lui bien au fond, mon compère ! » et autres gracieusetés du même acabit. En fait, Tête-Concombre, dont le crâne avait une forme rigoureusement similaire à la cucurbitacée en question, à cause de forceps hasardement maniés (bon, c'est vrai ! J'abuse des adverbes) par une sage-femme sans doute non recyclée, ne parlait pas la langue de Molière. Je n'ai jamais pu savoir si cela relevait d'une incapacité réelle ou d'un refus de sa part bien qu'il m'arrivât souventes fois d'opiner en faveur de la seconde hypothèse. En tout cas, il se faisait une vraie fierté d'être l'un des derniers Mohicans, avec Mandibèlè, à ne jargouiner que le créole et s'enrichissait en juillet-août, lorsque quelque linguiste yankee, envoyé par la John Hopkins University ou la Carnegy Mellon University ou n'importe quelle université de merde des États-Unis, le comblait de dollars afin qu'il acceptât de bavarder des heures entières devant un magnétophone de poche. Paraît que ces mecs-là possèdent dans leurs bibliothèques étasuniennes pratiquement tous les idiomes parlés sur la terre, des baragouins de Bornéo aux dialectes du Caucase en passant par les sifflements des Pygmées de l'Oubangui-Chari ! Des fameux, ces Ricains, d'autant qu'ils ont réussi à nous chouraver le titre d'« Américains ».

Car, je ne cesse de te le demander, cher Saint-Martineau, en quoi ces bougres-là seraient-ils plus américains que les Équatoriens, les Argentins, les Canadiens ou nous-mêmes, les Martiniquais ? Franchement, je ne vois pas. En plus, je crois savoir que le Venezuela et la Colombie sont aussi des États-Unis. Mais trêve de digressions oiseuses ! Revenons à Sonson, qui avait une tête de concombre mais autant de débrouillardise que le compère Lapin de contes créoles. Il me fut présenté par l'ami nostre homme, le digne Archéologue départemental. Ils travaillaient déjà ensemble depuis un bail. « C'est un Michel Morin ! m'avait affirmé le sorbonicole, il sait tout faire de ses dix doigts. Tu pourras lui demander de préparer la tombe de ta grand-mère. » En effet, la vieille chnoque n'avait consenti à se laisser mourir qu'au terme d'un marchandage sévère avec moi : ou je lui faisais remaçonner-repeindre-refleurir à mes frais la tombe qu'elle s'était fait construire au cimetière des riches, sur la Levée, ou bien elle crèverait à cent huit ans (au moment de cet odieux chantage, elle en avait soixante-treize) et moi, j'aurais entre-temps tout le loisir de périr des suites d'un accident de la route, d'un infarctus du myocarde, voire d'un cancer de la prostate. « À toi de choisir, petit-fils ! » ricana-t-elle en prononçant de manière jubilatoire les noms de ces odieuses épées de Damoclès. Je pus donc graisser la patte du gardien du cimetière des riches qui n'y laissait pénétrer la chiennaille — à laquelle appartenait à l'évidence Sonson Tête-Concombre — qu'à la veille des fêtes de la Toussaint, moment rituel du ravalement des tombes. « C'est pour quelqu'un qui envisage de mourir très bientôt, le rassurai-je, elle tient à ce que tout soit nickel à son arrivée. » Tête-Concombre, pieds nus, seau, balai, truelle et sachets de chaux en bandoulière, me suivit dans l'allée centrale du cimetière où, aux côtés des familles de Grands Blancs, ma grand-mère, par vanité, et surtout pour côtoyer enfin cette caste dont elle avait été exclue tout au long de sa vie, avait tenu à ériger sa dernière demeure. Cette tombe monumentale avec porte ouvragée et marches d'escalier en similimarbre pour accéder au fond du caveau, avait dû lui coûter au bas mot un sacré paquet de fric. Avec effroi, je me demandai si la vieille n'avait pas dilapidé toute sa fortune dans l'érection de ce mausolée taj-mahalesque. Sonson Tête-Concombre me déclara qu'il était prêt à brocanter sur-le-champ sa case en fibro-ciment de la cour Fruit-à-Pain contre ce magnifique palais. En plus je n'aurai que de « grandes genses » pour voisinage, ajouta-t-il, des békés bien comme il faut. Amer, je pointai un doigt en direction des plaques rutilantes qui ornaient les caveaux et me mis à ânonner : De Louveau de Laguarrande, Gallion de Saint-Aurel, Duplan de Montaubert. De ceci De cela, tous des patronymes nobles hérités de ces cadets de famille qui émigrèrent aux Isles de l'Amérique du temps de la royauté. Encore que, ô sublissime Anna-Maria de la Huerta, tout cet étalage de particules soit fortement sujet à caution selon nos historiens modernes, aussi douteux en fait, pardonne-moi, ma chérie, que ta filiation avec le grandissime navigateur génois car, en ces temps reculés, il était courant d'accoler le nom de son village ou de sa région d'origine à son patronyme. On acquérait ainsi un titre de noblesse à peu de frais et comme nul n'était regardant aux colonies, cela a suffi pour métamorphoser en hobereaux — cela plus l'esclavage des nègres dans les plantations de canne à sucre — tous les aigrefins, les criminels, les orphelines et les filles de joie que Richelieu (paix à son âme damnée !) faisait ramasser sur les quais des ports atlantiques de la douce France afin de les envoyer peupler les possessions ultramarines du royaume. Ces profondes remembrances historiques n'avaient pas fini d'agiter ma cervelle que Sonson Tête-Concombre y allait à vastes coups de balai et bruyants seaux d'eau contre les parois de la tombe de ma grand-mère. En réalité, la vieille m'avait amblousé une fois de plus : mis à part la poussière normale venue des rues circumvoisines affligées d'une intense circulation automobile et les inévitables bestioles tropicales, araignées en tête, sa tombe rivalisait d'imposance et de belleté avec ses voisines. Abandonnant donc le djobeur à son ouvrage, je décidai de me dépelotonner les nerfs en me promenant dans les contre-allées du cimetière des riches. Dans le carré réservé aux tombes les moins immodestes, un drôle de lascar longiligne, aussi long que le Mississipi comme aurait dit ma grand-mère, était en train de psalmodier au bord d'une tombe. Pris d'une vive curiosité, je m'en rapprochai à pas de loup — bien que cette espèce d'animal-là n'existât point dans nos contrées exotiques — et découvris avec horreur et stupéfaction que le bonhomme déterrait un cadavre. En plein jour ! Mais oui, un cadavre encore frais en plus car même d'assez loin, il me semblait posséder encore sa tête, ses bras et ses jambes. Je n'étais pas, par conséquent, le seul dans ce pays en forme de fœtus (ou de pois rouge) à démontrer de l'irrespect envers la Mort comme m'en accusaient régulièrement les membres du Cercle des écrivains des tropiques. Ah ! Le dramaturge Chrisopompe de Pompinasse était bien entendu le plus vipérin à mon endroit. Dès que nous abordions le sujet, il se mettait à grandiloquer, à grand renfort de citations latines, chose qui arrachait des larmes de fou rire au serveur du *Crew* lequel, en principe, ne devait pas saisir la moitié du sens de la plaidoirie de notre émule de Corneille. En fait, ici comme dans l'Hexagone, nombre de licenciés ès lettres s'adonnaient à des professions fort peu en rapport avec leur vocation première et le serveur en question avait voulu être avocat. Mais larguons-le puisqu'il n'est qu'un personnage très secondaire du présent récit. Le poète dandy, Axel Timonier, lui, me jetait des regards empreints d'une profonde commisération. Toute son œuvre était bâtie sur le sentiment de l'irréversibilité de la Mort et surtout sur l'inconcevabilité de cette irréversibilité pour l'entendement humain. « Seule la poésie qui plonge au cœur des choses sans user de la raison, m'avait-il assené, peut prétendre approcher, oh ! faiblement, je l'admets, mais davantage que la science, cette chose, cet impalpable, ce non-mesurable, cet infime qu'est la Mort. » Bof ! Ces messieurs ignoraient, parce que je m'étais bien gardé de le leur révéler, que ma rencontre avec la Mort avait été précoce et qu'elle avait fait une entaille si profonde en moi que j'en fus ébranlé pour le restant de mes jours.

Cela s'était déroulé au quartier Macédoine, à quelques kilomètres du bourg de Grand-Anse-du-Lorrain, en pleine campagne. Ma tante venait d'enfanter d'un ange, car comment nommer autrement ce petit être parfait, ce bout de chair café au lait qui vous rafraîchissait lorsqu'on vous le déposait entre les bras, qui mourut de diarrhées au bout d'une semaine. Au lieu de s'adresser au médecin, on avait eu recours aux bons soins (en fait aux simagrées) d'un quimboiseur, un sorcier nègre qui avait prétendu, du haut de son ignorance ancestrale, qu'il s'agissait à l'évidence d'un « mal envoyé ». Nous soupçonnâmes les voisins, nous maudîmes un coupeur de canne licencié l'année d'avant par mon distillateur de grand-père à cause d'un vol de cabris. On accusa le monde entier, sauf le Pape et le général de Gaulle. Et l'ange s'évada de la vie sans un vagissement, sans un remuement de son petit corps adorable, les yeux comme ennuagés par une tendresse-détresse incrédule. Je me refusai à parler pendant dix jours d'affilée, de stupéfaction. De douleur. De colère rentrée. La veillée mortuaire avait été terrible avec ses conteurs venus d'un autre âge qui nous contraignaient à nous esclaffer à l'aide d'une myriade d'histoires et de devinettes qui semblaient s'enrouler tout autour de la nuit opaque et de nous-mêmes. Qui nous hébétèrent jusqu'au chant matinal de l'oiseau-pipiri, lorsque la chevelure chabine du soleil daigne se dresser à l'en-haut des mornes. Ce qui me frappa en cette occasion, ce ne fut pas la gratuité ni même l'absurdité de la Mort mais sa frivolité. J'en vins peu à peu à la considérer non point comme un phénomène effrayant et incomprenable mais plutôt comme une créature primesautière, étourdie, une tête de linotte (si un tel oiseau eût existé sous nos latitudes torrides). Pour moi, la Mort ne possédait pas grand-chose dans la cervelle. Elle sarclait des vies ici et là, à la manière de quelque gamine en vadrouille sur une route buissonnière sans vraiment réfléchir ni penser à mal. C'est la raison pour laquelle j'ai toujours vénéré ceux qui la devançaient car, en s'arrachant ainsi à son insignifiance folâtre, ils s'inventaient une mort digne, une mort remarquable et forcément mémorable. Si bien que lorsque le romancier Albert Mormandeau se tira une balle de P38 dans la tête parce que les éditions du Seuil venaient pour la trente-quatrième fois en neuf ans de lui demander de remanier le chapitre six de son bouquin (ou parce que, ma mémoire vacille, à la sortie dudit bouquin, la très redoutée Jocelyne Servignon n'en avait soufflé un traître mot dans le journal *Le Monde*), j'ai trouvé son geste grandiose. Ceux qui convoquent ainsi l'au-delà ne baillent pas un sens à leur vie, contrairement à ce qu'affirment maints philosophes pour classes terminales, mais bien à leur mort. Accepter de trépasser autrement que lorsque cette mort intervenait en des circonstances choisies par soi-même, relevait, à mon humble avis, de l'animalité pure et simple. Bien entendu, en bon nègre gréco-latin que j'étais, j'épuisai des trésors de rhétorique pour tenter de convaincre ma grand-mère du bien-fondé de ma conception. Je l'abreuvai de maints exemples historiques depuis Socrate qui but la ciguë jusqu'à Hitler qui se suicida dans son bunker, mais la vieille mangouste entêtée qui n'avait qu'une culture commerciale (elle avait fait fortune jadis dans la morue séchée et les salaisons), ne faisait que me ricaner au nez d'un air faussement niais en répétant comme un jacquot-répète : « J'aviserai ! J'aviserai, mon cher petit-fils qui aime tant sa mamie. »

Mamie n'avisa rien du tout, chère Anna-Maria de la Huerta, bien que tu lui eusses fait bonne impression et qu'elle n'eût de cesse de me presser de convoler en justes noces avec toi. Comment lui expliquer, alors même que nous nous étions rencontrés un jour si extraordinaire, que sept chalutiers péruviens s'échouèrent sur des hauts fonds et que deux mille (ou cent mille) petits chinetoques de la province du Guandong furent engloutis sous l'écorce terrestre, tu refusas, avec un acharnement qui forçait mon admiration — sans diminuer pour autant ma rancœur — d'accepter mon substantifique sperme autrement que sous la forme de gâteries buccales que tu m'octroyais vitement-pressé (disent ces messieurs de la Martinique), vitement-dépêché (disent ces bonnes gens de la Guadeloupe), dans les toilettes de la bibliothèque Schœlcher. Tu allas même, certaines fois où tu étais d'une humeur raminagrobique, jusqu'à m'imposer une variante de l'acte d'amour qui, à t'écouter, aurait dû me bailler quasiment autant de satisfaction que si nous nous étions mis à fretinfretailler pour de vrai : tu te passais un brin de vaseline sous l'une de tes aisselles, tu t'asseyais sur une chaise, m'intimant l'ordre de me positionner derrière toi, debout bien sûr, et là, tu introduisais mon guilleris dans cet ersatz de vagin. Je n'avais plus qu'à aller-venir jusqu'à ce que tu recueilles le fruit de ton non-labeur entre tes lèvres mordorées. Tant et si bien que je me refusais à passer devant monsieur le maire puisque je savais pertinemment que Mamie n'aurait pas admis qu'au bout d'une année, tu ne sois pas porteuse de cet arrière-petit-fils, ce noble et vaillant rejeton qu'elle désirait avec tellement d'ardeur et qui devait, tout autant que l'amour de l'argent, la pousser à s'agripper à l'existence terrestre, cela en dépit des fallacieuses promesses qu'elle me faisait chaque fois qu'elle me criait à-moué (qu'elle m'appelait au secours, dit-on en dialecte hexagonal) afin que je lui frottasse ses rhumatismes avec cette pommade-miracle, le Nitluril, pommade donc que lui avait prescrite ce bon Dr Lozon.

Digne derrière son nœud papillon bleu nuit, ce sémillant quinquagénaire auscultait ma grand-mère tout en tentant de la convaincre de voter pour le parti d'Amadeus César aux prochaines élections municipales ou législatives. Cet homme, qui bien entendu possédait l'état de grâce calorique dont il a été question plus avant et qui porta un vigoureux soutien à nostre homme lorsque ce dernier avait entrepris de déchouquer l'archéologue métropolitain, cet homme maniait propagande politique et pratique médicale avec une telle dextérité (je sais ! Je sais ! je devrais écrire « doigté ») que la majeure partie de sa clientèle n'y voyait que du feu, sauf précisément Mamie qui demeurait une indécrottable UNR avec la photo du général de Gaulle sur sa belle commode en mahogany massif, entre le portrait du Christ crucifié et celui du pape Jean XXIII (« Tous ceux qui lui ont succédé sont des diables » s'encolérait-elle). De tout temps il est vrai, Mamie avait été une égérie de la Sainte Église catholique, apostolique et romaine, surveillant avec une rigueur quasi janséniste les faits et gestes des différents abbés qui eurent en charge la paroisse du quartier Redoute. C'est qu'elle les savait prompts à retrousser leur soutane pour trousser leur servante dès que l'une d'entre elles, grandes filles luisantes qui remuaient près d'eux leurs jambes chaudes qui tremblaient (merci Saint-John Perse !), se trouvait accroupie en train de récurer les couloirs du presbytère. Prompts aussi à ne déclarer que le tiers des sommes récoltées lors des quêtes dominicales. « Ils ne m'ont couillonné qu'une seule et unique fois, assurait ma grand-mère. Ça s'est passé en 1948, à l'occasion de la visite de la Vierge du grand Retour. » En effet, la caste blanche créole, les Galions de Saint-Aurel en tête, organisèrent, avec la complicité de la curaille, une vaste macaquerie en faisant venir de France une statue en chaux qu'ils présentèrent au bon peuple nègre comme la réincarnation de la très sainte Vierge Marie, venue le sauver du paganisme dans lequel il avait presque totalement sombré. Mamie n'y vit que du feu elle aussi : la statue fut promenée à travers les mille et un recoins de notre chère île dans une atmosphère de dévotion démentielle et ces coquefredouilles de Nègres, de Mulâtres, de Chabins, de Chinois et d'Indiens se dépouillèrent de leurs bijoux, leur argenterie et leurs rares billets de banque au profit de la Vierge du grand Retour. Promue cheftaine organisatrice pour la paroisse de Redoute, Mamie récolta rien qu'à elle seule quatre sacs en guano pleins à craquer de toutes ces fabuleuses richesses. À partir de l'instant où l'escroquerie fut éventée (par hasard, d'ailleurs), elle se cloîtra des mois et des mois durant chez elle afin de demander pardon-s'il-te-plaît à monsieur le Bondieu (qui n'en avait probablement cure). L'Être Suprême fut toutefois bien forcé de s'attendrir devant un repentir aussi sincère car, tandis que l'hydravion Latécoère transportant vers Bordeaux la famille Gallion de Saint-Aurel et le scandaleux butin qu'elle avait amassé, s'abîmait en mer, peu de temps après le décollage, Mamie retrouva une seconde jeunesse. Plus de rhumatismes ni de douleurs à l'estomac. Un appétit pantagruélien (ou d'agoulou-grand-falle comme nous préférons dire par ici) et surtout une vigoureuse reprise de ses activités à la paroisse de Redoute. Elle ne pouvait pas, en bonne logique, ne pas entrer en collision verbale avec Man Didine, bougresse rondelette et guillerette, auquel le vénéré père Tringlot avait confié, entre autres tâches, celle de propreter l'église chaque dimanche après la messe de onze du matin. Cette collision était d'autant plus inévitable que Man Didine se trouvait être notre voisine immédiate, le quartier de Redoute mélangeant de manière anarchique, ou plus exactement sans aucun respect pour la hiérarchie sociale, comme pestait souventes fois Mamie, cahutes en tôle ondulée dépourvues d'électricité et de W.-C., villas en béton armé et petits immeubles locatifs. Cette Man Didine, qui m'avait fait saliver tout au long de ma puberté, en se douchant nue dans sa minuscule cour de terre battue avec un tuyau d'arrosage qu'elle maniait de manière non équivoque (ou équivoque — dans les deux cas, on aboutit au même sens) tout en me lançant des sisittes engageants dès qu'elle savait mes parents absents, cette Man Didine donc avait mis au monde neuf filles de neuf papas différents. Et là, croyez-moi, mon brave Saint-Martineau, je ne galèje point. C'est la franche vérité, oui ! Loin de moi la tentation de verser dans le réalisme merveilleux à l'haïtienne où le moindre héros possède huit paires de couilles ou dans le baroque sud-américain pour épater les distingués critiques littéraires de la Rive gauche. Ni — horreur et damnation ! — dans le réalisme socialiste puisqu'il s'est effondré bien avant le mur de Berlin. Personne d'ailleurs dans le voisinage ne se souvenait du prénom des filles pour la bonne raison que Man Didine les avait toujours présentées comme étant des « enfants de fête patronale ». L'aînée était « l'enfant de la fête du Lamentin », la cadette « l'enfant de la fête du Morne-Vert » et ainsi de suite. « Vous ne saurez qui est votre papa », leur rigolait au nez Man Didine, quand elle avait un verre de rhum en trop dans le nez, mais au moins, vous savez comment votre maman-doudou vous a conçues, espèces de femelles-serpents et de pisse-en-lit ! Au Lamentin, treize bougres me sont montés sur le ventre les uns après les autres, alors si vous croyez qu'il est facile de deviner quelle fourmi-manioc vous a piqué lorsque vous avez, par malheur, posé votre pied dans un de leurs nids ! » Pour de bon, quand je devins un jeune homme avec qui elle pouvait entretenir des liens de sympathie dépourvus d'arrière-pensées, elle me raconta comment, dès qu'il y avait la moindre fête patronale, elle accourait sur les lieux à six heures du soir, s'attablait avec les hommes d'âge mûr dans les paillotes violemment éclairées à la lampe-tempête, acceptait toutes les boissons qu'on lui offrait, faisait moult tours de manège de cheval-bois comme une capistrelle de quatre ans, dansait au son des orchestres de rue et quand la bamboche avaït pris un ballant inarrêtable, quand les appels à la débauche commençaient à tisonner les corps et à échauffer les imaginations, Man Didine prenait ses quartiers qui dans un coin discret qui un hangar vide, qui une savane isolée qui un autobus ou une jeep garée dans la pénombre et ouvrait largement ses cuisses, qu'elle avait larges et appétissantes, à la voracité publique. Durant toute la longueur de la nuit, messieurs respectables portant lavallière, jeunes voyous éméchés, vieux-corps trembladant au seuil du grand âge, Blancs-France en uniforme militaire, doucinaient son ventre sans discontinuer. Elle disposait d'une gamme de râles de plaisir à faire pâlir de jalousie n'importe quelle étoile de cinéma, mis à part, ne grimace pas, mon petit colibri d'Anna-Maria, mis à part la savantissime Cicciolina. Ainsi donc, à ma grande déception, cette sacrée Man Didine se révéla être une baiseuse de troisième catégorie lorsque le lendemain de l'enterrement de ma grand-mère — ouf ! la vieille peau accepta de décéder un vingt-six du mois de mars de l'an 1982 — je la culbutai sur le parvis de mon salon alors qu'elle était venue me présenter ses plus sincères condoléances. « T'as plus de chance que moi, mon garçon, m'avoua-t-elle, ma propre grand-mère ne veut pas dire adieu à la vie tant que ces enfants de garce de la télé n'auront pas fini de diffuser tous les épisodes de *Santa Barbara.* » Ah ! Man

Didine, malgré tes cinquante-trois balais bien sonnés, seule Tina Turner pouvait rivaliser avec toi bien que tu eusses la fâcheuse tendance de t'avachir au lieu de gigoter sous l'effet de mes coups de boutoir. Mais c'est grâce à toi qu'enfin, grand-mère accepta d'enjamber la frontière de la mort, cela sans même que tu t'en sois rendu compte. Elle fut pétrifiée quand elle aperçut la soutane mal repassée du père Tringlot se faufiler dans ton arrière-cour, se délester de son harnachement ecclésiastique et se mettre à te tringler avec l'énergie d'un forçat du bagne de Cayenne (les seuls êtres humains à avoir jamais travaillé en Guyane, les autres ayant tous un poil dans le plat de la main). « Aille-Bondieu-Seigneur ! La fin du monde est proche alors ! » s'exclama-t-elle dans un soupir d'agonie. Mais, chère Anna-Maria de la Huerta, je me suis trop avancé dans mon récit, beaucoup trop loin en tout cas (ne suis-je pas un divagueur-né au dire d'Axel Timonier ?), oubliant de te décrire l'incroyable et épouvantable spectacle auquel il me fut donné d'assister au cimetière des riches le jour où Sonson Tête-Concombre accepta de ravaler le Taj Matjal de Mamie.

Un homme déterrait donc un cadavre encore frais sans crainte d'être découvert. Je me rapprochai en catimini du violeur de sépulture, étouffant d'une sainte colère de citoyen respectueux des lois de la République française une et indivisible, lorsque, au gilet vert bouteille du bougre, à sa cravate qu'il s'était renversée sur l'épaule et à ses gestes précis et rapides, je devinai que j'avais affaire à nostre homme en personne, ce qui veut dire l'Archéologue départemental. Aussitôt, mon indignation s'éteignit car il devait s'adonner à quelque activité professionnelle du plus haut intérêt pour oser braver ainsi le féroce soleil de carême, presque au beau mitan de la matinée en plus. Je grimpai sur une tombe et, caché derrière sa croix monumentale, je pus surplomber la scène et je découvris, non sans émotionnement, que le cadavre n'était autre que celui de notre cher romancier raté, Albert Mormandeau, qui, comme il a été dit et redit, avait devancé avec bravoure l'heure de sa mort et avait été inhumé deux mois plus tôt. Le fumier nous avait menti ! Bel et bien menti car il ne s'était pas fait enterrer au cimetière des pauvres, de l'autre bord de l'odorant canal Levassor, « parce que je suis un écrivain maudit, un disciple de François Villon », comme il aimait à répéter, mais bien au cimetière des riches, sur le boulevard de la Levée. Mormandeau savait pertinemment que nous autres du Cercle des écrivains des tropiques ne l'aurions pas accompagné jusqu'à sa dernière demeure vu le nombre impressionnant de caboulots dans lequel il nous aurait fallu trinquer à sa mémoire, sur le chemin du cimetière et, de fait, Axel Timonier, qui avait été chargé de porter la gerbe de chrysanthèmes que nous nous étions cotisés pour acheter et qui proclamait (hypocritement à mon avis) « À notre cher romancier trop tôt enlevé à la gloire », la fourgua à une parente du défunt sans crier gare. Nous nous retrouvâmes dans les bars à billard de la Croix-Mission, puis dans les estaminets infects des Terres-Sainvilles pour finir notre dérade dans un boxon clandestin de la rue Marie-Curie, tenu par la célébrissime Mme Villormin dont j'expose les faits et gestes dans un autre ouvrage de la plus haute importance tant sociologique que littéraire qui doit paraître à la rentrée (gaffe à toi, la mère Josy Servignon !). Le cortège de Mormandeau avait donc fort bien pu se diriger vers le cimetière des riches que nous n'en aurions rien su. Que faisait l'Archéologue départemental avec le cadavre de notre cher disparu ? Quel secret l'homme de science tentait-il d'arracher à l'homme de lettres ? Je rampai sur le sol pour me retrouver quasiment dans le dos de nostre homme qui avait écarté la mâchoire de Mormandeau à l'aide d'un instrument barbare de dentiste et lui enfournait carrément une lampe de poche dans la gorge. Sans se retourner, le zigoto m'apostropha en ces termes : « Eh, Abel ! Viens m'aider au lieu de bayer aux corneilles », complètement insoucieux du fait que cette variété d'oiseaux n'existât point dans le ciel azuréen et édénique des Antilles (Ah ! Quelle sacré tonnerre de misère que d'être contraint et forcé d'utiliser une langue d'emprunt ! On se sent presque aussi gauche que le beauf qui loue un smoking pour aller dîner chez Maxim's avec bobonne à l'occasion de leurs noces d'argent). Hébété ou abasourdi, je ne m'en souviens plus, j'obtempérai. Nostre homme me fourgua sa lampe de poche, m'ordonnant d'en diriger la lumière sur les gencives du fond de la bouche de Mormandeau. Je remarquai qu'outre son état de conservation proprement miraculeux, le corps de notre génie méconnu (vacharde de critique littéraire parigote, va !) ne dégageait aucune odeur nauséeuse. L'Archéologue départemental, qui se foutait royalement de mes éventuels états d'âme, attrapa une pince et entreprit d'arracher une dent au cadavre. Cela avec une énergie qui ne manqua pas de me surprendre. Quand il parvint à ôter cette dent double, que nous appelions en créole « dent-chien », dent qu'exhibait Albert Mormandeau chaque fois qu'il lui arrivait de s'esclaffer, chose qui se produisait plus souvent que rarement, selon une expression de notre terroir qu'affectionnait feue mamie, eh ben l'Archéologue me déclara d'un ton vengeur : « Je la tiens, ma preuve finale ! Cette enflure d'Archéologue hexagonal ne jouira pas d'une retraite bien méritée dans son bled perdu des Alpes-Maritimes. Je l'empêcherai dorénavant de dormir, je le démolirai devant toutes les instances scientifiques internationales, à commencer par la Société des américanistes qui tient son prochain congrès dans trois semaines à Philadelphie. Ha ! ha ! » Ainsi, à mon grand étonnement, nostre homme poursuivait-il de sa vindicte un vieil homme qui avait voué la majeure partie de son existence à l'exhumation du passé amérindien de l'île de Madidina, cette île que ces messieurs les François jugèrent bon de baptiser Martinique un certain jour de l'an 1635. L'Hexagonal avait, en effet, démontré que pas une seule goutte de sang amérindien ne coulait dans les veines des actuels habitants d'ici-là, ce contre quoi s'insurgeait nostre homme dans les deux mille sept cent quarante pages des cinq tomes de sa phénoménale thèse de doctorat d'État soutenue, insistons là-dessus, en Sorbonne (et pas à Rouen comme le premier sous-fifre intellectuel venu). Nostre homme finit par retrouver son équanimité légendaire (c'est ce que la presse avait prétendu lors de sa mémorable bataille pour l'obtention du poste si convoité d'archéologue départemental) et examinant la dite dent à l'aide d'une loupe, s'écria : « C'est une dent du type "Pala", caractéristique de la race mongoloïde. Pas de doute, mon brave Abel, pas le moindre doute ! » S'il disait vrai, le bougre, eh ben il venait de faire une fameuse découverte, plus importante en tout cas que les oiseux témoignages de la civilisation occidentale que nous avions trouvés sur le trottoir du Crédit martiniquais lors de notre première rencontre à tous les deux. Et cette découverte-là était d'autant plus fameuse qu'Albert Mormandeau était ce que l'on appelle en Martinique, avec ce sens de la charité chrétienne qui nous caractérise, « un gros nègre noir », qui n'avait, en apparence en tout cas, aucun signe extérieur de sinitude. D'ailleurs, lui aurait-on révélé de son vivant qu'il portait en lui des chromosomes autres que ceux de la race noire, qu'il eût hurlé au racisme, à l'hitlérisme, à la purification ethnique, au génocide par substitution et à toutes les horreurs du même calibre, « parce que moi monsieur, proclamait-il *urbi et orbi*, je suis le seul et unique Nègre de race pure de cette île peuplée de bâtards qu'est la Martinique. Le seul avec Amadeus César ! ». Et nous le croyions, nous l'admirions, nous étions tout bonnement babas devant ce spécimen rarissime de la race originelle et nous nous inclinions bien bas devant ses écrits marqués du sceau indélébile de la Négritude. Il n'y avait que le trente du mois qu'il acceptait d'en perdre une infime partie en allant toucher son salaire de fonctionnaire de la justice versé par ces salauds de Blancs qui peuvent pas voir les Nègres en peinture, persuadés qu'ils sont par leurs bonnes femmes (qui racontent n'importe quoi pour se rendre intéressantes) que notre taux de mélanine est exactement proportionnel à la longueur et la vigueur de notre zob. En fait, il nous avait encore bien eus, ce sacré Mormandeau, et voilà que l'Archéologue départemental venait de mettre au jour son imposture ! Je me sentais rassuré par la dent mongoloïde qu'exhibait glorieusement nostre homme au mitan du cimetière des riches, pour je ne sais quelles troubles raisons. Je l'aidai à réensevelir le corps avant que quelque curieux ne découvrît notre macabre besogne et me mis à fumer un joint afin de me débarrasser l'esprit de toutes ces macabres pensées. Puis j'entrepris de lui parler du terrible cyclone que la radio avait annoncé le matin même. L'Archéologue haussa les épaules, se moquant complètement des vents à deux cent soixante-dix kilomètres heure, des raz de marée et des pluies torrentielles ou diluviennes qui ne manqueraient pas, d'ici quelques heures, de ravager l'île. J'ai fait la découverte du siècle, bravachait-il en se dirigeant à grandes enjambées lyriques vers la sortie du cimetière. Maintenant, je peux disparaître, mon nom passera à la postérité, clamait le zouave. Je le suivis — le suivisme étant, d'une manière générale, l'un des maux qui m'affecte le plus — abandonnant Sonson Tête-Concombre qui de toute façon n'avait nullement besoin de mon aide pour réfectionner la tombe de ma grand-mère. « Un cyclone comme on n'en a pas vu depuis deux siècles, a prédit la météo. Vous vous rendez compte ? » insistai-je lourdement auprès du savant qui éructait de joie à l'idée d'enfoncer les théories définitives de son prédécesseur. Au-dehors, la foule semblait déjà prise de panique. Des petites marmailles se dépêchaient de rentrer à la maison, surchargées de cartables trop lourds pour leurs frêles épaules. Des vieux corps hiératiques faisaient le pied de grue à l'angle des rues comme s'ils espéraient la venue de quelque messager venu d'une très lointaine province. Un calme étrange régnait dans l'air. Pas une once de vent. Les feuillages des manguiers étaient peinturés de laque. Je songeai aux lecteurs péruviens et chinois qui, dans leur quotidien national, liraient d'ici demain matin, en dernière page, je suppose, puisque la Martinique est censée être l'un des plus petits cantons de l'Univers, que deux mille maisons avaient été arrachées de leur socle, cinquante mille pieds de banane éradiqués sans compter le nombre imprévisible d'êtres humains qui monteraient en Galilée, tout cela à des années-lumière de chez eux. Sans doute auraient-ils la même réaction que moi, quand j'apprenais que leurs chalutiers s'étaient échoués en haute mer ou qu'un tremblement de terre avait englouti leurs villages. Et c'est toi, chère Anna-Maria de la Huerta, arrière-arrière-arrière-petite-fille de Christophe Colomb, dont le père possède à Saint-Domingue une finca de deux mille hectares plantés en cannes à sucre qui, interrompant ces pensées philosophiques et mélancoliques, m'a ramené *hic et nunc*, et cela, parce que par le plus pur des hasards tu transportais ton sublime popotin sur le boulevard de la Levée sous les regards concupiscents d'une meute de mâles haletants, prêts à bondir au moindre signal de ta part mais se tenant tout de même à distance respectueuse car ta hautaineté hispanique, la noirceur féroce du grain de tes yeux de mauresque en imposait au monde entier (question longueur de phrase, y en a qui trouvent que je proustifie un peu trop). Je fus réveillé en cinq-sec et te courus après comme un vrai dératé, agitant ma paperasserie d'héritage et te hurlant : « Mamie a fini par crever, la vieille chnoque. Elle m'a laissé presque la moitié de sa fortune. Accompagne-moi chez le notaire, ô mon petit colibri adoré ! » Et toi de te retourner, nullement décontenancée, de me jauger sous toutes les coutures et de reprendre ta route sans répondre à mes sollicitations. Depuis que ta convalescence d'amour avait pris fin et que tu étais allée vivre avec ce faux frère de Victor Saint-Martineau, quelque part au quartier Terreville, tu ne daignais plus me reconnaître dans la rue ni répondre à mes coups de téléphone, ni même, je le crains, lire les missives enflammées que je te faxais tous les jours, même les jours fériés, et cela dès que je savais que ton amant était parti équationner au lycée Schœlcher. Il est vrai que, de guerre lasse, j'avais abandonné le ton élégiaque et lamartinien qui m'était naturel pour un style plus proche de celui de Mme Marguerite Duras dont les posters décoraient les quatre murs de mes W.-C. Souffrant de constipation chronique et, par moments, d'hémorroïdes, il m'arrivait de passer des heures merveilleuses en cet endroit grâce à la prose de cette charmante vieille dame et souvent, il suffisait que je m'esclaffe pour que le foutu étron qui éternisait sa descente dans mon intestin grêle tombât avec un grand plouf dans l'eau javellisée et parfumée presque rituellement à la pétale de rose par ma très chère Nanotte qui s'inquiétait avec une attention de mère poule de mes évacuations matinales. Elle avait ainsi mené un combat sans merci contre mon utilisation abusive du piment-bonda-Man-Jacques dans le court-bouillon de poisson et accourait à mon chevet lorsque j'étais en proie aux effroyables douleurs à l'anus que déclenchaient invariablement mes excès alimentaires. Tout le temps que tu avais habité chez moi, chère Vénus saint-dominguoise, je t'avais caché la nature de mon mal, de ce mal qui me rongeait autant que l'amour que j'éprouvais pour ta personne, te laissant faire mille supputations toutes plus extravagantes les unes que les autres. Aujourd'hui, je viens d'enterrer Mamie, je suis enfin riche, je n'ai plus aucun souci à me faire pour mon (proche) avenir et je te demande à genoux d'accepter d'accéder à mon plus cher désir, celui qui n'a eu cesse, depuis ce jour fatal où tu rompis avec ton trompettiste de jazz et que je t'embarquai à bord de mon Autobianchi avec ton bataclan de sous-vêtements sexy, de me tisonner les reins, de me démanger les génitoires, de me mettre la langue en chaleur. Je ne m'étais pas rendu compte que le poète Axel Timonier était grimpé à l'en-haut d'un des flamboyants qui ornementaient le boulevard de la Levée et qu'il déclamait des vers inouïs (eh oui, j'aime cet adjectif et j'en abuse !) aux éléments qui commençaient à se déchaîner. À ses pieds, un petit groupe d'irréductibles (autrement dit de bougres qui avaient refusé d'obéir aux consignes du plan Orsec) se tenaient roides, les cheveux dans le vent — enfin, pas les cheveux puisque ceux du Nègre ne peuvent être bousculés en aucune manière par le vent le plus furieux qui soit (sauf dans la poésie surréaliste d'Amadeus César), romantiques à souhait, prêts à mourir à l'écoute des métaphores époustouflantes du plus éminent poète francophone des Amériques, après bien sûr le Nègre fondamental, selon les dires du critique littéraire de l'unique quotidien local (lequel ferait mieux, soit dit en passant, de se contenter de nous informer de naufrages de marins péruviens ou d'ensevelissements de chinetoques suite à des tremblements de terre, au lieu de s'égarer sur les sentiers périlleux de l'analyse littéraire). Ô joie ! Toi aussi, Anna-Maria de la Huerta, tu fus subjuguée par le dire somptueux d'Axel Timonier et tu t'arrêtas aux abords de l'arbre où notre poète s'était juché pour boire l'hydromel de ses vers. Ce dernier déclamait :

Vents qui ventez depuis les confins
des ténèbres !
Porteurs de miasmes et de chimères, je vous salue
et moi, du haut de cette éminence feuillue
sans peur et sans reproche, je vous intime
l'ordre de rebrousser chemin !

Je me mis à applaudir à tout rompre et c'est cela, pardonne-moi dix mille fois, ma chérie, qui rompit le charme sous lequel Axel Timonier vous tenait tous. C'est mon bruyant bravo qui le fit dégringoler du flamboyant plus sèchement qu'un coco sec et se fracturer l'humérus, le cubitus et le plexus (ainsi qu'un autre os en « us » dont j'ai oublié le nom). Tu le crus mort et tu t'affalas sur son buste que venait de dénuder un énergumène qui voulait sans doute prouver qu'il avait réussi major de sa promotion à l'école des secouristes bénévoles. Tu chialais : « Mon amour, reviens à la vie, je t'en prie ! Je serai désormais toute à toi et à toi seul ! » Tu ajoutas, sadique : « Je n'accorderai même plus une miette de regard à ce crétin d'Abel qui se prétend homme de lettres. Je te le jure ! Quant à ce crétin de Victor Saint-Martineau, notre histoire est finie. Elle l'a été dès la seconde où je t'ai vu tomber du haut de cet arbre, tes bras en croix, ton regard fixe et beau, tes poèmes happés par les grands vents qui nous assaillent. » Et ce cochon de Timonier, au mitan de ses cris de douleur, en dépit de ses os brisés, fut pris d'une bandaison du tonnerre de Dieu et t'empala net devant les badauds ébahis sans même t'ôter ta petite culotte pour la bonne raison que tu n'en portais pas depuis l'époque reculée où (et ça se passe bien avant les macaqueries de Madonna), encore jouvencelle à Saint-Domingue, ton fabuleux amant Don Fernando Menendez Y Guzman (zut ! Son nom s'embrouille dans ma calebasse de tête !) avait entrepris, à grands renforts d'érections prolongées, de te faire accéder au firmament des plaisirs vaginaux. La sirène municipale corna trois fois au moment où ce disloqué d'Axel Timonier arrivait, lui, à l'extase, sans doute pour annoncer l'arrivée imminente de l'ouragan. Ou peut-être quelque incendie quelque part à travers la ville (ou l'En-Ville comme préfèrent écrire les types de la créolité pour faire exotique). Toujours est-il que les amateurs de poésie lyrique s'enfuirent à toutes jambes dans toutes les directions et que nous nous retrouvâmes, toi, moi et cet imbécile de Timonier, seuls sur le boulevard désert. Et toi de me cogner comme une furie à coups de talons aiguilles, en gueulant : « Va chercher ton Autobianchi, espèce d'inutile ! Tu ne vois pas qu'il faut le charroyer d'urgence aux urgences ? » À mon tour, je te rétorquai, bravache, qu'elle pouvait crever sur place dans mon garage, cette vieille caisse, que je ne lui filerais plus un regard et que, d'ailleurs, j'en voltigeais les clefs — plouf — dans le caniveau. « J'aurai bientôt la BMW de mes rêves, très chère Anna-Maria. Dès que le cyclone aura fini de nous emmerder, je fonce à la zone industrielle du Lamentin pour me choisir le dernier modèle toutes options, et dorénavant, ma chérie, nous roulerons à vitres fermées, à une température européenne de 12 degrés, la seule qui permette décemment à l'esprit humain de fonctionner. Hourra ! Hourra ! ajoutai-je en sautillant dans le vent qui me plaqua aussitôt sur la chaussée comme un fétu de paille. À peine avais-je terminé de grandiloquer que la toiture en tôle ondulée d'une bâtisse à trois étages s'envola dans un craquement sinistre, fit mine de monter vers les sombres nuages qui masquaient les cieux avant de plonger-descendre sur nous dans l'intention évidente de nous décapiter. J'avais l'impression de vivre une scène d'un vulgaire film d'horreur de série B dont le réalisateur aurait raté les effets spéciaux. « Un pithécanthrope ! Au secours ! » m'écriai-je, transi de terreur. « Mais non ! Il s'agit d'un tyrannosaure ! » rectifia l'Archéologue départemental, surgi de je ne sais où, en me plaquant à nouveau au sol d'extrême justesse. Et l'homme de sciences d'en profiter pour me litaniser toutes les caractéristiques du volatile préhistorique en usant de termes que j'entendais pour la première fois de ma vie mais qui eurent le don de provoquer un véritable coup de foudre chez toi, ma dulcinée, ma très chère Anna-Maria de la Huerta. Tu déclaras derechef, en repoussant le corps du poète Axel Timonier (bien fait pour sa gueule !) : « De toutes façons, il n'en avait plus pour très longtemps » et tu te blottis dans les bras de nostre homme qui te serra précieusement comme si tu étais l'une de ces vieilleries amérindiennes qu'il s'échinait à déterrer aux embouchures des rivières les plus difficiles d'accès de notre île. « Qu'est-ce qu'elle est canon, cette meuf ! » s'écria-t-il en patois de Garge-lès-Gonesse.

Dans l'instant qui suivit, des chevauchées de vent, toutes différentes les unes des autres, envahirent le boulevard de la Levée (ou du Général-de-Gaulle, si l'on préfère) — des échevelés qui se promenaient rieusement avec des morceaux de fenêtres ou des poubelles pleines à ras bord ; des timides qui s'enroulaient autour de vous et vous pénétraient par les oreilles, les trous du nez et la bouche (et sûrement dans ta fente mordorée puisque tu ne portais pas de culotte), des cogneurs qui s'y prenaient à deux ou trois fois pour vous bouter hors de leur passage ; des charroyeurs de frissonnades, de gratelles, de miasmes, *et cætera-et cætera-et cætera*. La fenêtre d'un snack s'ouvrit avec brutalité et des hamburgers, des hot-dogs, des pizzas congelées et des chicken MacNuggets s'en échappèrent, comme si, à l'intérieur, quelque abbé Pierre ou Bernard Kouchner, hors d'eux, s'employaient à les distribuer à des peuplades africaines. Puis, un effondrement subit du ciel nous trempa jusqu'aux os, parsemés d'éclairs en folie qui baillaient un éclat inconnu à la chevelure de jais d'Anna-Maria. L'Archéologue départemental et ma Saint-Dominguoise n'avaient cure de ce déchaînement des éléments. Ils s'embrassaient goulûment, couchés sur le trottoir, se tripotant sans le moindre respect pour la pudeur publique (encore qu'il n'y eût âme qui vive dans les parages). Pour la troisième fois donc, je me retrouvai cocu, bel et bien cocu, cela au mitan du plus formidable cyclone qui eût jamais frappé les Antilles françaises depuis deux siècles. D'abord, tu avais cédé sans réticence aucune, chère Anna-Maria de la Huerta, à ce gribouilleur d'équations de Saint-Martineau, pendant que j'étais allé à la cuisine nous préparer des vodkas, puis tout à l'heure, tu t'étais laissée empaler avec délice par ce trousseur de vers ampoulés d'Axel Timonier et voici que maintenant, là, sous mes yeux, sans aucune pitié pour l'amour qui embrasait mon pauvre cœur de quadragénaire sans cesse menacé par une hausse brutale de son taux de cholestérol, tu te livrais tout entière au plus improbable des amants, cet archéologue à moitié cinglé qui avait rédigé deux mille pages de thèse pour démontrer que les Saladoïdes avaient précédé les Arawaks d'au moins mille ans dans l'archipel. Ah ! Misère, foutre ! Misère de misère ! Qu'avais-je commis comme forfait pour que les dieux m'infligeassent de telles épreuves ? Pourquoi devrais-je supporter toute ma vie d'entendre tes râles de plaisir, tes éructations indécentes qui parvenaient même à rivaliser avec les sifflements des vents atlantiques en train de ravager notre île.

Pour oublier ma douleur et me venger de toi, j'entrepris de te mordiller l'avant-bras mais l'archéologue me repoussa d'une geste violent. Je pensai qu'il voulait protéger son bien si mal acquis quand il se mit à hurler : « C'est fini ! » en essayant de vocaliser un ton au-dessus des éléments. « C'est fini, quoi ? » demandai-je, furieux que cet abruti ait l'audace de nier l'ampleur du cataclysme qui nous cernait. Car le cyclone n'était pas fini du tout. Bien au contraire ! Les grands vents ruadaient à qui mieux mieux, renversant des voitures, sectionnant les derniers arbres du boulevard quasiment à la base, dépenaillant les devantures des magasins de Syriens ainsi que les enseignes rutilantes des banques et, comble de malheur, les eaux jaunâtres et encombrées de détritus du canal Levassor avaient débordé dans les rues du centre ville, libérant des cohortes de rats désemparés. Elles nous arrivaient déjà à hauteur du genou et commençaient à emporter le cadavre qui gigotait encore du poète Axel Timonier. « C'est fini, quoi ? » repris-je en approchant ma figure à deux centimètres et demi du bougre, ce qui me fit éclater de rire : ses lèvres avaient été complètement fardées de mauve par celles d'Anna-Maria. Il rigola à son tour et, saisissant la pauvre donzelle par les épaules, la jeta presque dans mes bras en s'écriant : « C'est fini parce que c'est fini, tonnerre de Dieu ! » Puis il disparut en direction de l'avenue Jean-Jaurès pour échapper à l'inondation qui enflait de minute en minute. Tel un héros galactique, j'emportai Anna-Maria de la Huerta dans mes bras (elle suçotait son pouce !) et remontai bravement le boulevard de la Levée, fermement décidé à atteindre vaille que vaille le Morne-Pichevin où nous ne craindrions plus rien pour notre vie. « Tu m'aimes ? » m'interrogea-t-elle d'une voix enfantine tandis que je déployais des efforts surhumains pour m'arracher aux tourbillons qui m'arrivaient à la ceinture à présent. « Dis-moi que tu m'aimes, mon chéri ! » insistait-elle. Et moi de l'étreindre de toutes mes forces en hurlant plus fort que les vents : « Oui, je t'aime ! Je t'aime plus que l'amour lui-même. » Cette déclaration dans le plus pur style *Femmes d'aujourd'hui* n'eut pas l'heur de lui plaire du tout puisqu'elle se débattit, me balançant des coups de coude dans les côtes et des coups de talon aiguille dans le bas du dos. J'ouvris les bras pour voir tomber Anna-Maria dans l'eau boueuse qui avait atteint nos poitrines et y disparaître corps et biens. N'écoutant que la force de mon amour, et cela en dépit de ma caponnerie légendaire (« ma lâcheté » si vous préférez, messieurs de l'Hexagone qui prétendez nous apprendre le beau langage alors que nous, ici, on connaît l'ancien français de père en fils et que nous n'avons, en la matière, aucune leçon à recevoir de vous autres, qui ne connaissez plus, hélas, que le dialecte Ardisson-Dechavane parsemé de mots anglais, mal prononcés en plus), en dépit donc, disais-je, de ma caponnerie légendaire, je plongeai à la rescousse de l'arrière-arrière-arrière-petite-fille de Christophe Colomb. Mais j'avais beau écarquiller les yeux (vous voyez, je sais parfois vous faire des concessions car j'aurais fort bien pu écrire « coquiller les yeux »), je n'y voyais goutte. Affolé, je quittai le mitan du boulevard pour tenter de grimper au balcon d'une maisonnette en bois. Mes mains glissaient sur les poutres comme si je me coltinais à quelque mât de cocagne. Mes genoux s'écorchaient en vain contre leurs rugosités. Soudain, un rire caligulesque me fit sursauter : Anna-Maria avait réussi à se jucher à mi-hauteur d'un poteau électrique et me faisait ohé du bateau à l'aide de son soutien-gorge rouge sang. Les trombes d'eau qui dévalaient du ciel étaient devenues si puissantes qu'elles semblaient fracasser les toitures des immeubles avoisinants. La nuit tomba brusquement puis le plein jour revint avec la même soudaineté, cela quatre ou cinq fois de suite. Nous ne respirions plus d'oxygène mais des flopées de vent qui faisaient éclater nos poumons. Anna-Maria de la Huerta était parfaitement à l'aise dans ce déluge, digne fille de ce Bassin des Ouragans ainsi que les météorologistes désignent notre archipel des Caraïbes. Elle me lançait : « Abel ! Ah, si tu étais un homme ! — Si tu étais un homme, quoi ? » me courrouçai-je tandis que le balcon auquel je m'étais accroché était en train de s'effondrer dans l'eau qui n'avait cesse de monter, monter, monter, encore monter. « Si tu étais un homme, tu m'aurais déjà fait un enfant ! » s'époumona la descendante du soi-disant découvreur du Nouveau Monde. « Non ! Mais t'es gonflée, ma toute belle !, hurlai-je de fureur décuplée. T'as jamais daigné me laisser pénétrer dans la citadelle de ta virginité et tu voudrais que je... — Espèce d'obsédé sensuel ! » riposta-t-elle du tac au tac. « Qui a parlé de pénétration ? Tu retardes, petit frère, c'est bientôt rangé aux oubliettes le touche pipi et la bête à deux dos. C'est ringard ! On entre dès demain matin de plain-pied dans le vingt et unième siècle et tu voudrais que je m'adonne à ces postures ridicules, à ces ahanements grotesques, à cette gymnastique datant de ces temps reculés où l'homme n'était pas encore tout à fait descendu du singe, uniquement pour parvenir à me mettre un enfant au monde ! » Anna-Maria se payait ma tête ou quoi ? Je tombais des nues. Ne s'était-elle pas vautrée dans les bras de mon plus proche compagnon, Victor Saint-Martineau, meilleur mathématicien de l'embouchure du Mississippi aux sources de l'Orénoque ? Ne s'était-elle pas volontairement empalée sur le dard du poète Axel Timonier bien que ce dernier eût les membres disloqués à la suite de la chute dont il fut victime du haut de ce flamboyant où il déclamait des poèmes hugoliens ? Ne s'était-elle pas livrée corps et âme à ce sorbonagre sans cœur, ce nostre homme, cet Archéologue départemental qui avait écrit sa foutue thèse de doctorat d'État en deux mille sept cent et quelques pages, soit cinq tomes pesant au total six kilos et demi ? En plus, elle avait le culot monstre de me traiter d'obsédé sensuel tout en désirant ardemment concevoir un bébé qui fût de moi, Abel, et de moi seul. Anna-Maria, Dieu la préserve !, était sûrement devenue folle à lier. « Ben non ! Idiot de mes deux, fit-elle comme si elle avait pu lire dans mes pensées, j'ai encore toute ma raison. Je meurs d'envie d'avoir un enfant de vous, señor Abel, mais par les procédés les plus modernes de la science, c'est-à-dire par insémination artificielle. Facile, mon cher Abel, tu vas à l'hosto de la Meynard, tu bats une douce branlette dans une espèce de tube que l'on met à congeler.

Quelques jours plus tard, je débarque et un toubib me refile ton sperme dans l'utérus sans qu'il y ait eu ni sueur, ni mauvaises odeurs, ni ahanements, ni râles, ni gymnastique. On fera le plus merveilleux bébé du monde, je t'assure. Car il naîtra d'un spermatozoïde reposé, contrairement à ceux, tout essoufflés, qui se faufilent à grand-peine dans notre vagin pendant qu'un type, lui aussi essoufflé, s'escrime à ramoner une paroi mal lubrifiée la plupart du temps. »

Une soudaine décrue des eaux méphitiques du canal Levassor nous procura une embellie qui nous permit de foncer vers le Morne-Pichevin, l'élévation la plus proche du boulevard de la Levée. Deux hommes et un Blanc (enfin, trois hommes, je veux dire, qu'est-ce qui me prend de faire du lepénisme à l'envers ?) s'étaient noyés à hauteur de la maison des syndicats et flottaient dans un amas indescriptible de chaises cassées, de cadavres de chats et de chiens, de livres et de journaux, quand ce n'était pas de matelas ou de penderies encore grosses de leur garde-robe. J'examinai d'un œil distrait leurs visages déjà bouffis pour voir si je ne connaissais pas l'un d'entre eux quand Anna-Maria de la Huerta poussa un petit cri de chatte effarouchée en allongeant un doigt fébrile en direction du cadavre le plus éloigné de nous. Sonson Tête-Concombre ! Bon sang de bon sang, c'était, à n'en pas douter, la stature trapue du djobeur ! C'étaient son crâne dégarni en forme de légume et ses bras démesurés par rapport à son buste qui lui baillaient l'allure d'un chimpanzé en éternelle goguette. Pour tenter d'échapper aux banderilles de la douleur qui m'envahissaient devant un tel spectacle, je m'efforçai de répéter à-quoi-dire un moine tibétain : « La vie n'est que le fleuve des apparences. » « Qu'est-ce que tu marmonnes ? s'énerva la Saint-Dominguoise. J'en ai marre d'être trempée depuis ce matin. T'aurais pas, par hasard, un pote qui crèche dans quelque piaule des Hauts du Port ? — Le pote en question, c'était lui ! », bramai-je en soulevant le cadavre de Sonson Tête-Concombre. « Tu pleures ? » me demanda-t-elle à nouveau, sincèrement étonnée — non, mieux que ça, anéantie par l'étonnement. « Eh oui, je pleure, très chère Anna-Maria. » Des larmes si lourdes qu'elles se voyaient sur les deux pommes de ma figure en dépit du fait qu'elles fussent mouillées par la pluie qui fifinait sans discontinuer. Anna-Maria me prit par la main et nous montâmes à pas comptés les quarante-quatre marches conduisant au quartier Morne-Pichevin. Nous nous appliquâmes à murmurer les conjurations correspondant à chacune d'entre elles et, parvenus à la trente-troisième, celle de la mort subite dans la fleur de l'âge, nous proclamâmes, en nous retournant vers la ville, par en bas dévastée :

« La vie rêvée vaut mieux que la vie vécue. »

L'ouragan avait étêté les arbres, décoiffé les maisons, arraché les fils électriques et téléphoniques, noyé les cases qui avaient été, par imprudence ou je-m'en-fichisme colonial, érigées aux abords de la Ravine Bouillé. Bref, le monde était devenu un beau désastre. Un silence d'éternité y régnait et nulle créature n'osait pointer le nez au-dehors.

« Nous sommes les seuls êtres vivants », déclara Anna-Maria, radieuse. Ému à mon tour, je voulus l'embrasser avec cérémonie sur les lèvres comme dans un film d'Ingmar Bergman. Je tremblais d'exaltation. J'étais enfin parvenu à mes fins grâce à cet ouragan sauvage qui avait éradiqué le pays entier mais m'avait apporté le bonheur que j'espérais depuis *et cætera* de temps, c'est-à-dire depuis la première fois qu'Anna-Maria de la Huerta avait buté contre ma personne à l'avenue Jean-Jaurès et avait embarqué d'autorité sa fanfrelucherie dans mon antique Autobianchi que, final de compte, je n'échangerai pas contre une BMW de luxe. Je cherchai d'un geste nerveux l'anneau nuptial que je portais depuis cet instant-là, caché dans un repli de ma saharienne (eh oui, j'ai complètement oublié de vous dire que j'étais accro de ce type de vêtement). L'anneau ne s'y trouvait plus ! Emporté lui aussi par les eaux. C'était à en pleurer de rage. Je cherchai l'avant-bras de ma future dame du Toboso afin de lui infliger quatre mordillements mais elle avait déjà grimpé quatre à quatre la petite volée de marches conduisant au plateau du Morne-Pichevin et s'était envolée. Il ne me restait plus qu'un seul et unique recours : écrire l'histoire agitée de nos aventures et la fourguer à un éditeur compréhensif.

Ce que je fis…

La Carrière (Vauclin)
17 mars-29 mai 1994

BAR

Le « clown de la créolité »

L'île est seulement à quelques encablures. Les cartes géographiques sont formelles, c'est là que vit la « créolité ». Nous débarquons après avoir attentivement compulsé notre guide touristique. Nous croisons quelques autochtones appelés ici « Antillais ». Certains, des écrivains, nous interpellent : « Ni européens, ni africains, ni asiatiques, nous nous proclamons créoles. Cela sera pour nous une attitude intérieure, mieux une vigilance, ou mieux encore, une sorte d'enveloppe mentale au mitan de laquelle se bâtira notre monde en pleine conscience du monde[1]. » Un peu éberlués, nous comprenons rapidement qu'il s'agit, sur cette île des Caraïbes, d'un débat de fond, d'une problématique vitale. La créolité, nous a-t-on expliqué, n'est pas le résultat d'une synthèse des cultures, ce n'est pas non plus un métissage, c'est une mosaïque où viennent s'imbriquer des dieux hindous, des contes africains, des

1. *Éloge de la créolité* de J. Bernabé, P. Chamoiseau et R. Confiant, Gallimard, 1989.

coutumes chinoises, des vocables levantins, des histoires européennes et des objets amérindiens. Stupeur, un monde en miniature est réuni sur cette petite île. Au cours des siècles, il a élaboré une culture originale et diverse. Et, nous affirme-t-on, ce serait cela la créolité.

Un de nos interlocuteurs se nomme Raphaël Confiant. Il est « chabin ». Une catégorie particulière de Noirs à la peau claire et aux cheveux roux. De lui, nous avions déjà lu quelques ouvrages comme *Eau de café* et *Ravines du devant-jour*. Il nous racontait le parcours de ces petites gens de la Martinique « du temps de l'antan ». Ce monde créole avec ses grandes et petites joies, ses grandes et petites misères, ses « menteries » et ses « méprisations ». Et ne voilà-t-il pas que M. Confiant se met à inclure dans son texte intitulé *Bassin des Ouragans*, le sida, Tina Turner, Bernard Kouchner, *Santa Barbara*, PPDA et l'abbé Pierre. À n'y plus rien comprendre. Mais alors, où sont passés les Thimoléon, de Cassagnac, Julien Thémistocle et Man Léonce rencontrés avec une certaine nostalgie lors des précédents épisodes. « Ils ne sont pas loin », nous dit-il. Peut-on lui faire confiance, lui qui nous avait affirmé il y a un an : « Mon imaginaire s'arrête au milieu des années soixante, quand les usines à sucre ont fermé une à une, concurrencées par la betterave. Quand on a commencé à arracher la canne. Je serais incapable d'écrire "autoroute" ou "télévision" dans un de mes romans. C'est cette société de la canne qui m'intéresse, c'est d'elle que sont nés le peuple martiniquais et sa culture. Même si ce n'est pas une évidence d'être créole. Tout est mosaïque, tout est complexe ici[2]. » Il aurait donc menti. Comme par enchantement, son imaginaire serait passé, sans états d'âme, des années soixante aux années quatre-vingt-dix. Nos plus prestigieux intellectuels pourraient légitimement se questionner : S'agirait-il d'un saut de la créolité dans la modernité ? S'agirait-il de la volonté de renouveler un genre ? Ou peut-être simplement de nous faire une bonne blague ?

Raphaël Confiant est un malin. Dans le *Bassin des Ouragans*, il occupe la meilleure place, celle du narrateur. Il s'affiche, même, et, sans la moindre pudeur, emprunte le nom d'un personnage biblique : Abel. En tout cas, les messieurs de l'Académie et la pureté de leur langue ne lui font pas peur. Confiant refuse tous les diktats de la langue, les contorsions de la syntaxe et les impératifs de la grammaire. De tout cela, il n'en a cure. Et pour bien montrer son impertinence, il fait un pied de nez à notre ministre de la Culture en lui assenant coup sur coup des termes honnis par une loi de notre vocabulaire tricolore : cosy, freezer, snack, chicken Mac-Nuggets, hot-dogs, etc. Vous ne le saviez peut-être pas

2. Interview publiée dans *Télérama*, n° 2273, 4 août 1993.

mais Raphaël Confiant est professeur d'anglais. Eh bien oui ! Lui, le défenseur acharné du créole, enseigne la langue de Shakespeare. Cela ne l'empêche pas de combattre, de toute la force de ses mots, les langues « impérialistes », celles qui musèlent les esprits. Raphaël Confiant alias Abel, à moins que ce ne soit le contraire, se moque de « ces clowns de la créolité » qui voudraient, par exemple, remplacer l'expression « par monts et par vaux » quelque peu anachronique aux Antilles par la formule « par mornes et par ravines ». Nous sommes au cœur de l'autodérision. On l'aura compris, dans ce texte comme dans tous les autres, Confiant agite l'étendard de la Créolité. Un drapeau nécessaire pour hisser les couleurs de l'identité antillaise.

Et la politique dans tout cela ? Nous sommes en plein dedans. Faisant office de militant, notre littérateur se moque de la « maman hexagonale » et de cette Martinique dont les contours représenteraient un « fœtus ». Son île serait touchée par un « infantilisme congénital ». Retour à l'Histoire, celle de l'esclavage. La blessure est à fleur de peau. Durant des siècles, l'homme antillais n'a pas pu trouver son autonomie. Par le fer et le fouet, il était relié à ses maîtres blancs. Courbé dans les champs de cannes, il était pris dans le tourment de la déshumanisation. Bien sûr, il y eut les Nègres-marrons, ceux qui surent résister, bien sûr il y eut les révoltes, bien sûr il y eut Victor Schœlcher et l'abolition de l'esclavage en 1848. Mais les mentalités mettent du temps à éponger les humiliations et à retrouver leur indépendance.

Confiant a comme seule arme la puisssance de son imaginaire. Une puissance au service de la créolité. La littérature pour la littérature, il n'en a que faire. Pour lui, le message créole est protéiforme. Il se décline à l'infini et ne concerne pas seulement l'espace martiniquais, ni même l'ensemble des Caraïbes. Il va bien au-delà. Partout où des cultures s'affrontent, lui et « les clowns » de la créolité proposent une solution infaillible pour restaurer la paix : la « diversalité ». Une façon d'accepter l'Autre dans toute sa différence. Ce cyclone littéraire change parfois de direction et de visage. Il ressemble parfois à une farce mais c'est pour mieux affirmer sa force.

Le clown aime à jouer sur les registres du tragique et du comique. Raphaël Confiant a décidé d'entrer en piste pour à chaque fois réaliser un numéro inédit. Le public ou plutôt les lecteurs sont souvent étonnés et quelquefois un peu décontenancés par la cadence des idées et le rythme des phrases. Le « clown de la créolité » a réussi son effet : il a su à la fois faire rire et réfléchir.

LAURENT SABBAH

Raphaël Confiant : portrait d'un combattant

Raphaël Confiant est martiniquais. Il vit dans une case antillaise. Les objets de la modernité occidentale se résument à un fax, un téléphone et un poste de télévision. Entre femme et enfants, sa machine à écrire, ses livres et ses cabris, c'est là que naissent ses romans. Pour créer, pour imaginer, pour inventer, pour se souvenir, il a besoin de son île, de ses paysages, de ses habitants et de sa mémoire. Chez lui, le succès n'a rien d'ostentatoire, au point d'en être presque agaçant ! Son regard n'est pas tourné vers l'Europe ou l'Amérique, il scrute la Martinique, sa Martinique. Son cadre de vie est volontairement modeste. Une façon, peut-être, de montrer que sa richesse est ailleurs. Un ailleurs bâti sur une langue, le créole.

Son cheminement ne le conduit pas vers un Eldorado mythique. Il le transporte sur une route sinueuse et difficile où chaque pas, chaque mot, chaque phrase sont les éléments constitutifs de l'imaginaire créole. Car la cicatrice de l'esclavage est toujours douloureuse. Les stigmates sont encore présents dans tous les esprits. Raphaël Confiant a donc un jour décidé d'écrire pour redonner un visage à une culture antillaise défigurée par la brutalité de l'Histoire. Durant de nombreuses années (douze ans), il produira des textes en créole. À travers cinq romans, il tente de se réapproprier une langue dénigrée par le colonisateur. Malgré une certaine condescendance et parfois même un certain mépris de ses compatriotes, il ne lâche pas prise, l'homme est pugnace. Du fétichisme et de la noblesse de la langue française, il n'en a que faire. Ses livres en créole publiés à compte d'auteur dépassent rarement les trois cents exemplaires, son compte en banque est alors dans le rouge mais il n'est pas question pour lui d'abandonner. Défendre le créole est devenu une mission. L'écrivain est exalté.

Pourtant, son ami Patrick Chamoiseau saura le convaincre d'écrire en français. Il accepte. Mais attention, la langue utilisée aujourd'hui par Confiant est triturée, désarticulée, reconstruite, en un mot elle est créolisée. N'allez surtout pas lui parler de la pureté de la langue, il vous rirait au nez. Pour lui, en cette matière, le respect n'existe pas. Il faut abuser des mots et bousculer les phrases. Résultat : il publie des romans dans un français pas tout à fait « académique ». Ils ont pour titre *Le Nègre et l'Amiral*, *Eau de café* et *Ravines du devant-jour*. On y trouve toute la « diversalité » et toute la complexité du monde antillais. Avec ses acolytes, P. Chamoiseau et J. Bernabé, il écrit un manifeste, *L'Éloge de la créolité*, avec le premier il rédigera une anthologie, *Lettres créoles : tracées antillaises et continentales de la littérature (1635-1975)* et c'est seul qu'il lancera un pamphlet, *Aimé Césaire, le paradoxe.*

Les romans comme les essais de Raphaël Confiant sont toujours l'occasion de livrer combat contre les impérialismes culturels et pour la reconnaissance de l'identité antillaise. La fougue est toujours au rendez-vous.

Raphaël Confiant aime son île. Paradoxe, il n'aime ni la musique ni le rhum. Pourtant, il garde en mémoire les souffrances et les humiliations collectives. Il écrit pour panser les plaies. Il pense pour offrir à son peuple une dignité longtemps bafouée. Raphaël Confiant est un écrivain de combat.

Repères bibliographiques

Ouvrages de Raphaël Confiant

- *Aimé Césaire, le paradoxe*, Stock, 1993.
- *Commandeur du sucre*, Archipel, 1993.
- *Ravines du devant-jour*, Gallimard, coll. Haute Enfance, 1993.
- *Éloge de la créolité*, Gallimard, 1993.
- *Le Nègre et l'Amiral*, LGF, Le Livre de poche, 1993.
- *Eau de café*, LGF, Le Livre de poche, 1993.
- *Lettres créoles : tracées antillaises et continentales de la littérature (1635-1975)*, Hatier, coll. Brèves littéraires, 1991.
- *L'Allée des Soupirs*, Grasset, 1994.

Mille et une nuits propose des chefs-d'œuvre pour le temps d'une attente, d'un voyage, d'une insomnie…

Dans la même collection

1. Épicure, *Lettre sur le bonheur.* 2. Stendhal, *Ernestine ou La Naissance de l'amour.* 3. Sade, *Dialogue entre un prêtre et un moribond.* 4. Edgar Poe, *Le Scarabée d'or.* 5. Charles Perrault, *Peau d'Âne.* 6. Ovide, *Remèdes à l'amour.* 7. Guy de Maupassant, *Un fils.* 8. Heinrich von Kleist, *Sur le théâtre de marionnettes.* 9. Miguel de Cervantes, *L'Amant généreux.* 10. Charles Baudelaire, *La Fanfarlo.* 11. Honoré de Balzac, *Le Chef-d'Œuvre inconnu.* 12. Jack London, *Un steak.* 13. Khalil Gibran, *Le Prophète.* 14. Franz Kafka, *Le Verdict.* 15. Arthur Rimbaud, *Une saison en enfer.* 16. Nicolas Gogol, *Le Portrait.* 17. Victor Hugo, *Claude Gueux.* 18. Sénèque, *De la brièveté de la vie.* 19. Émile Zola, *J'accuse.* 20. Gustave Flaubert, *Dictionnaire des idées reçues.* 21. Voltaire, *Micromégas.* 22. Katherine Mansfield, *Félicité.* 23. Cesare Pavese, *La Trilogie des machines.* 24. Marcel Proust, *Sur la lecture.* 25. *Cantique des Cantiques.* 26. Guy de Maupassant, *Le Horla.* 27. Alexandre Pouchkine, *La Dame de pique.* 28. Luigi Pirandello, *Le Voyage.* 29. Molière, *Dom Juan.* 30. Paul Lafargue, *Le Droit à la paresse.* 31. Prosper Mérimée, *Carmen.* 32. Gustave Flaubert, *Un cœur simple.* 33. François Rabelais, *Pantagrueline Prognostication.* 34. Italo Svevo, *Le Vin du salut.* 35. Hermann Hesse, *Lettre à un jeune artiste.* 36. Ivan Tourgueniev, *Apparitions.* 37. Sappho, *Le Désir.* 38. Honoré de Balzac, *Une passion dans le désert.* 39. Herman Melville, *Bartleby.* 40. Raphaël Confiant, *Bassin des Ouragans.* 41. Mikhaïl Boulgakov, *Diablerie.* 42. Jules Barbey d'Aurevilly, *Le Bonheur dans le crime.*

Pour chaque titre, le texte intégral, une postface, la vie de l'auteur et une bibliographie.

Achevé d'imprimer en août 1994.
sur papier recyclé par G. Canale & C. SpA (Turin)